四大检察

案与评

最高人民检察院办公厅 组编

中国检察出版社

图书在版编目(CIP)数据

四大检察案与评／最高人民检察院办公厅组编．— 北京：中国检察出版社，2019.3
ISBN 978-7-5102-2269-6

Ⅰ．①四… Ⅱ．①最… Ⅲ．①检察机关－工作－案例－中国 Ⅳ．①D926.305

中国版本图书馆CIP数据核字（2019）第040457号

四大检察案与评
最高人民检察院办公厅　组编

出版发行：	中国检察出版社
社　　址：	北京市石景山区香山南路109号（100144）
网　　址：	中国检察出版社（www.zgjccbs.com）
编辑电话：	（010）86423703
发行电话：	（010）86423726　86423727　86423728
	（010）86423730　68650016
经　　销：	新华书店
印　　刷：	北京联合互通彩色印刷有限公司
开　　本：	787mm×1092mm　16开
印　　张：	12.5
字　　数：	180千字
版　　次：	2019年3月第一版　2019年5月第五次印刷
书　　号：	ISBN 978-7-5102-2269-6
定　　价：	58.00元

检察版图书，版权所有，侵权必究
如遇图书印装质量问题本社负责调换

编写说明

为方便人大代表、政协委员和社会公众全面了解新时代检察工作，深化检务公开，接受人民监督，我们会同最高检第一检察厅、第二检察厅、第三检察厅、第四检察厅、第五检察厅、第六检察厅、第七检察厅、第八检察厅、第九检察厅、第十检察厅、法律政策研究室等相关部门共同编写了《四大检察案与评》一书。本书力图通过案例解读职能，通过评析宣传法治。

由于经验不足，水平有限，不当之处，请读者批评指正。

最高人民检察院办公厅

2019年3月

目录

第一部分

刑事检察

1. 审查逮捕 … 002
2. 不批准逮捕 … 004
3. 提起公诉 … 006
4. 相对不起诉 … 008
5. 绝对不起诉 … 010
6. 存疑不起诉 … 012
7. 出庭支持公诉 … 014
8. 非法证据排除 … 016
9. 退回补充侦查 … 019
10. 速裁程序 … 022
11. 认罪认罚从宽 … 024
12. 量刑建议 … 027
13. 对未生效裁判的刑事抗诉 … 029
14. 对生效裁判的刑事抗诉 … 031
15. 刑事和解 … 033
16. 违法所得没收申请 … 035
17. 强制医疗程序 … 038
18. 立案监督 … 041
19. 侦查活动监督 … 043
20. 提前介入 … 045
21. 羁押必要性审查 … 048
22. 死刑复核法律监督 … 051
23. 监禁刑执行检察 … 053
24. 社区矫正检察 … 056
25. 财产刑执行检察 … 058
26. 强制医疗执行检察 … 060
27. 监管执法活动检察 … 062
28. 巡回检察 … 064
29. 派驻检察 … 066

民事检察

- 30. 民事生效裁判监督（抗诉） 068
- 31. 民事生效裁判监督（不支持监督申请） 071
- 32. 民事生效裁判监督（再审检察建议） 074
- 33. 民事虚假诉讼监督 076
- 34. 民事执行监督 079
- 35. 民事审判程序违法监督 082

行政检察

- 36. 行政生效裁判监督（抗诉） 085
- 37. 行政生效裁判监督（不支持监督申请） 087
- 38. 行政生效裁判监督（再审检察建议） 089
- 39. 行政裁判执行监督 091
- 40. 行政非诉执行监督 093
- 41. 行政审判程序违法监督 095

公益诉讼检察

- 42. 环境资源领域行政公益诉讼 097
- 43. 环境资源领域民事公益诉讼 100
- 44. 食品药品安全领域行政公益诉讼 102
- 45. 食品药品安全领域民事公益诉讼 104
- 46. 国有财产保护领域行政公益诉讼 106
- 47. 国有土地使用权出让领域行政公益诉讼 108
- 48. 侵害英烈权益民事公益诉讼 110
- 49. 公益诉讼诉前程序 112

第二部分

查办司法工作人员部分职务犯罪

    50. 查办司法工作人员部分职务犯罪   118

未成年人检察

    51. 惩治侵害未成年人犯罪   121
    52. 惩戒教育未成年犯罪嫌疑人   124
    53. 保护救助未成年被害人   126
    54. 综合保护未成年人合法权益   128
    55. 预防涉未成年人犯罪   130

控告申诉检察

    56. 受理办理群众控告、申诉   133
    57. 受理线索举报   135
    58. 维护诉讼权利行使   137
    59. 刑事申诉案件办理   139
    60. 刑事申诉异地审查   141
    61. 刑事申诉案件公开审查   143
    62. 刑事赔偿   145
    63. 对人民法院赔偿委员会决定的监督   147
    64. 国家司法救助   149
    65. 未成年人国家司法救助   151

其他

66. 检察建议　　　　　　　　　　　　153
67. 指导性案例　　　　　　　　　　　156
68. 列席审判委员会会议　　　　　　　159
69. 检察官以案释法和法律文书说理　　161

第三部分

70. 服务保障打好三大攻坚战：防范化解重大风险　　166
71. 服务保障打好三大攻坚战：污染防治　　168
72. 服务保障打好三大攻坚战：精准脱贫　　170
73. 服务保障长江经济带发展　　　　　　172
74. 服务保障"一带一路"建设　　　　　174
75. 着力加强对民营经济的保护　　　　　176
76. 加强民生司法保障　　　　　　　　　178

第一部分

- 刑事检察
- 民事检察
- 行政检察
- 公益诉讼检察

刑事检察

1. 审查逮捕

检察职能

检察机关对于公安机关、国家安全机关、监狱等侦查主体提请批准逮捕的或检察机关立案侦查的案件进行审查，依据事实和法律，作出是否逮捕犯罪嫌疑人的决定。审查逮捕决定包括审查批准逮捕和不批准逮捕两种。

案例故事

徐玉玉被电信诈骗案

2016年4月，杜天禹非法获取山东省高招网上64万余条山东考生个人信息，并在网上对外出售。6月，陈文辉从杜天禹处购买该信息，随后召集并指使多名犯罪嫌疑人冒充教育局工作人员，以发放助学金名义给高考被录取学生打电话实施诈骗。8月19日，郑贤聪假冒教育局工作人员，以发放助学金名义，骗取被害人徐玉玉学费9900元。当日19时许，被害人徐玉玉到公安机关报案后，在回家途中晕倒，经医院抢救无效，于8月21日死亡。

经侦查机关提请，检察机关依法及时以陈文辉涉嫌诈骗罪、侵犯公民个人信息罪，以郑贤聪等6人涉嫌诈骗罪，以杜天禹涉嫌侵犯公民个人信息罪对相关嫌疑人批准逮捕。案件经检察机关提起公诉后，法院进行审理，依法作出判决。

专业解读

对符合法定条件的犯罪嫌疑人予以逮捕,是确保刑事诉讼活动顺利进行的需要,也是惩治犯罪、保护人民的需要。审查逮捕是检察机关办理刑事案件的第一关,也是坚守防止冤假错案底线的第一关,在打击犯罪、保障人民群众生命财产安全方面发挥着不可替代的重要作用。检察机关遵守客观义务,坚持罪刑法定、疑罪从无、非法证据排除等原则,严把事实关、证据关、程序关和法律适用关,准确适用逮捕措施,认真落实宪法关于尊重和保障人权的规定,坚决防范冤假错案发生。

审查逮捕的内容,可以分为程序审查和实体审查。程序审查,是指人民检察院对于受理侦查机关提请批准逮捕的案件,对提请批准逮捕书、逮捕犯罪嫌疑人意见书、立案、拘留等法律手续及案卷材料是否齐备、案件是否属于本院管辖等内容所作的审查。实体审查,是指人民检察院对于受理的侦查机关提请批准逮捕的案件所作的实体方面的审查,包括提请批准逮捕书和移送审查逮捕意见书认定的犯罪嫌疑人的行为是否构成犯罪;认定的犯罪性质和适用法律是否正确;是否符合刑事诉讼法规定的逮捕条件;有无遗漏应当逮捕的犯罪嫌疑人或者犯罪事实;侦查活动有无违法的情形;有无立案监督的线索或者其他犯罪线索需要移送等情况。

相关法律

《中华人民共和国刑事诉讼法》

第八十条 逮捕犯罪嫌疑人、被告人,必须经过人民检察院批准或者人民法院决定,由公安机关执行。

2.不批准逮捕

检察职能

检察机关对侦查机关提请批准逮捕的各类刑事犯罪案件进行审查,在核实相关事实和证据后,认为不能逮捕或不需要逮捕的,根据刑事诉讼法律规定,依法作出不批准逮捕决定。

案例故事

养母李某虐童案

2015年4月,公安机关接到辖区某学校老师反映,儿童施某身上有多处表皮伤,怀疑系遭其养母殴打所致。后经司法鉴定,施某挫伤面积超过体表面积的10%,属轻伤一级。该儿童的养母李某因涉嫌故意伤害罪被公安机关依法刑事拘留。随后,公安机关以李某涉嫌故意伤害罪向检察机关提请批准逮捕。检察机关就此案举行审查逮捕听证会,综合考虑案件情况和李某的认罪悔过态度、社会危害性,依法作出不批准逮捕决定。李某被取保候审。此后,检察机关以涉嫌故意伤害罪对李某提起公诉,法院判处其有期徒刑六个月。

专业解读

批准逮捕的前提是行为人的行为构成犯罪，但是构成犯罪的，却不一定都要逮捕。逮捕主要是针对采取取保候审等措施尚不足以防止发生社会危险性而采取的强制措施。因此，不批准逮捕犯罪嫌疑人可能有两种情况，一是犯罪嫌疑人不构成犯罪或者现有证据不足以证明其构成犯罪；二是犯罪嫌疑人不具有社会危险性。

社会危险性，是指犯罪嫌疑人在不予逮捕的情况下，会不会出现逃跑、打击报复证人、串供、毁灭证据等干扰诉讼正常进行的行为。本虐童案中，犯罪嫌疑人李某主动归案并如实供述自己的犯罪行为，能深刻认识到自己行为的危害性，认罪态度端正，真诚悔罪，在本地有固定的住所和稳定的工作，无前科劣迹，表现一贯良好，应当被判处三年以下有期徒刑等轻刑。经综合评估，不逮捕犯罪嫌疑人不会妨碍刑事诉讼的顺利进行。另外，受害儿童多次向检察机关表达了想见养母的意愿，其亲生父母也提出了不逮捕李某的请求。不逮捕李某可以让孩子早日安心正常学习、生活，对恢复孩子身心健康有积极作用。因此，检察机关认为李某没有社会危险性，对其作出不批准逮捕的决定。

相关法律

《中华人民共和国刑事诉讼法》

第九十条　人民检察院对于公安机关提请批准逮捕的案件进行审查后，应当根据情况分别作出批准逮捕或者不批准逮捕的决定。对于批准逮捕的决定，公安机关应当立即执行，并且将执行情况及时通知人民检察院。对于不批准逮捕的，人民检察院应当说明理由，需要补充侦查的，应当同时通知公安机关。

3.提起公诉

检察职能

检察机关对侦查机关、监察机关移送起诉及检察机关自行侦查终结移送起诉的案件进行全面审查,对应当追究刑事责任的,向人民法院提起公诉,由人民法院进行审判。

案例故事

莫某放火、盗窃案

2016年9月,莫某经中介应聘到朱某、林某夫妇位于杭州市某区某公寓家中从事住家保姆工作。2017年3月至同年6月,莫某为筹集赌资,多次窃取朱某家财物,并找借口向朱某借款。上述钱款均被莫某赌博挥霍一空。同年6月21日晚至次日凌晨,莫某用手机上网赌博,输光了包括偷窃朱某家一块手表典当所得赃款3.75万元在内的6万余元钱款。为继续筹集赌资,其决意用放火再灭火的方式骗取朱某的感激,以便再向朱某借钱。22日4时55分许,莫某在朱某家客厅用打火机点燃书本,引燃客厅沙发、窗帘等易燃物品。因火势迅速蔓延,造成屋内的被害人朱某及其3名未成年子女被困火场,吸入一氧化碳中毒死亡,并造成室内精装修及家具和邻近房屋部分设施损毁,经鉴定,损失共计257万余元。火灾发生后,莫某逃至室外,报警并向他人求助。另2015年7月至2016年2月,莫某在徐某某、李某某、周某某家做保姆时,多次盗窃他人财物。

该案经公安机关侦查后移送检察机关审查起诉。浙江省杭州市人民检察院经审查于2017年8月以被告人莫某犯放火罪、盗窃罪向法院提起公诉。

📝 专业解读

我国代表国家行使公诉权的专门机关是人民检察院,公诉权只能由检察机关行使。公诉是检察机关核心的标志性职能之一,是法律监督的重要组成部分。

侦查机关在对犯罪嫌疑人侦查完毕后,认为需要追究犯罪嫌疑人刑事责任的,应当移送检察机关审查起诉,由检察机关决定是否向人民法院提起公诉。

检察机关经过审查,认为犯罪嫌疑人的犯罪事实已经查清,证据确实充分,依法应当追究刑事责任的,应当作出起诉决定,向法院提起公诉。法院对公诉案件进行审理,一般应当开庭进行,检察机关派员出席法庭,以国家公诉人的身份对犯罪进行指控,这称为"支持公诉"。代表国家支持公诉的检察官称为"公诉人"。

📖 相关法律

《中华人民共和国刑事诉讼法》

第一百六十九条 凡需要提起公诉的案件,一律由人民检察院审查决定。

第一百七十一条 人民检察院审查案件的时候,必须查明:

(一)犯罪事实、情节是否清楚,证据是否确实、充分,犯罪性质和罪名的认定是否正确;

(二)有无遗漏罪行和其他应当追究刑事责任的人;

(三)是否属于不应追究刑事责任的;

(四)有无附带民事诉讼;

(五)侦查活动是否合法。

4.相对不起诉

检察职能

检察机关对于犯罪情节轻微，依照刑法规定不需要判处刑罚或者免除刑罚的，依法作出不起诉决定。

案例故事

七家公司及经营者虚开发票案

2011年至2015年，陈某在经营公司开发"某花园"等房地产项目过程中，为虚增建筑成本，偷逃土地增值税、企业所得税，在无真实经营业务的情况下，以支付6%~11%开票费的方式，要求七家工程承揽企业为其虚开建筑业统一发票、增值税普通发票，虚开金额共计3亿余元。七家企业将陈某支付的开票费缴纳了税款和支付相关费用。七家企业经营者许某等人在公安机关立案前投案自首，主动上缴违法所得、缴纳罚款。

公安机关于2018年4月以涉嫌虚开发票罪对七家企业立案侦查；5月，移送检察机关审查起诉。

检察机关经审查认为，七家企业及许某等人实施了虚开发票行为，但具有自首等法定从轻或减轻处罚情节，没有在虚开发票过程中偷逃税款，案发后积极上缴违法所得、缴纳罚款，且系陈某利用项目发包、资金结算形成的优势地位要求其实施共同犯罪，在犯罪中处于从属地位，具有被动性。检察机关于2018年12月对七家企业及许某等人作出不起诉决定。同时，对陈某及其经营的公司以虚开发票罪依法提起公诉。

专业解读

相对不起诉是检察机关在审查起诉中行使起诉裁量权的体现，是贯彻宽严相济刑事政策的重要诉讼手段。相对不起诉是"微罪不检举"意义上的起诉裁量，其适用应当符合以下两个条件：一是犯罪嫌疑人实施的行为触犯了刑法规定，已经构成犯罪；二是该犯罪行为情节轻微，依照刑法规定不需要判处刑罚或者可以免除刑罚。相对不起诉在司法实践应用时，还要根据犯罪嫌疑人的犯罪动机、目的、手段、危害后果、认罪态度、一贯表现、社会和被害人的反响等因素综合考虑，在确认没有追诉必要时，才能适用。

该案中，七家公司和负责人实施了虚开发票的行为，依据刑法规定构成虚开发票犯罪，但检察机关考虑到七家公司和负责人在商业行为中的弱势地位、自身没有偷逃税款行为、主动自首、坦白并积极上缴违法所得、缴纳罚款，社会危害性不大，为减小对社会、企业和员工的影响，综合考虑全案情况，依法作出相对不起诉决定，终止了刑事追究。

检察机关通过作出相对不起诉决定，使一些虽然已经符合刑法规定为犯罪但情节轻微、社会危害性不大，特别是行为人已经认识到自己错误，积极采取措施弥补行为危害后果的行为人不再进入法律审判环节，不作为犯罪处理。这样能够减少诉讼成本，特别是能够给犯罪情节轻微的行为人改过自新、回归社会的机会，体现了司法和社会的温暖和关怀。上述案例，检察机关作出相对不起诉决定后，七家企业能够继续经营，企业家也能正常开展经营活动，这对社会经济发展、企业员工的生活保障都有重要意义。当然，检察机关行使起诉裁量权，法律也有严格限制，只有对犯罪情节轻微，依法不需要判处刑罚或者确实可以免除刑罚的行为人才能适用。对于犯罪性质严重，不具有法定的免除处罚情节的，不能适用相对不起诉。

相关法律

《中华人民共和国刑事诉讼法》

第一百七十七条第二款 对于犯罪情节轻微，依照刑法规定不需要判处刑罚或者免除刑罚的，人民检察院可以作出不起诉决定。

5.绝对不起诉

检察职能

检察机关对没有犯罪事实或行为依法不应当追究刑事责任的犯罪嫌疑人,依法作出不起诉决定,不将犯罪嫌疑人起诉至法院审判。绝对不起诉又称为法定不起诉。

案例故事

赵某见义勇为案

李某与邹某(女,27岁)相识但不是太熟。2018年12月26日23时许,二人一同吃饭后,一起乘出租车到达邹某的暂住处福州市晋安区某公寓楼,二人在室内发生争吵,随后李某被邹某关在门外。李某强行踹门而入,殴打谩骂邹某,引来邻居围观。暂住在楼上的被不起诉人赵某闻声下楼查看,见李某把邹某摁在墙上并殴打其头部,即上前制止并从背后拉拽李某,致李某倒地。李某起身后欲殴打赵某,威胁要叫人"弄死你们",赵某随即将李某推倒在地,朝李某腹部踩一脚,又拿起凳子欲砸李某,被邹某劝阻住,后赵某离开现场。经法医鉴定,李某腹部横结肠破裂,伤情属重伤二级;邹某面部软组织挫伤,属轻微伤。2019年2月20日,福州市公安局晋安分局以赵某涉嫌过失致人重伤罪向福州市晋安区人民检察院移送审查起诉。2月21日,晋安区人民检察院以防卫过当对赵某作出相对不起诉决定,引起社会舆论高度关注。在最高人民检察院指导下,福建省人民检察院指令福州市人民检察院对该案进行了审查。福州市人民检察院经审查认为,原不起诉决定存在适用法律错误,遂指令晋安区人民检察院撤销原不起诉决定,于3月1日以正当防卫对赵某作出无罪的不起诉决定。

专业解读

检察机关对该案作出的不起诉决定为绝对不起诉（法定不起诉）。绝对不起诉决定与相对不起诉决定不同，是对无罪或者不应当追究刑事责任的犯罪嫌疑人作出的。

绝对不起诉实际上是宣告无罪，相当于法院的无罪判决。检察机关作出绝对不起诉决定，符合诉讼经济原则，有利于降低诉讼成本，提高效率，更重要的是能够在第一时间明确犯罪嫌疑人无罪，解除其"嫌疑人"的身份，使其尽快回归正常社会生活。检察机关作出绝对不起诉决定是司法客观、严谨、实事求是的体现。绝对不起诉与相对不起诉不同，其不属于自由裁量权，符合法律规定的（行为不认为是犯罪的或者依法不应当追究的），检察机关必须作出不起诉决定。由于被不起诉人前期进入刑事程序，被侦查和审查，已经造成了一定负面社会影响，因此检察机关应将对被不起诉人的不起诉决定送达被不起诉人所在单位，帮助解除社会影响，使其更好回归社会、回归生活。

相关法律

《中华人民共和国刑事诉讼法》

第十六条 有下列情形之一的，不追究刑事责任，已经追究的，应当撤销案件，或者不起诉，或者终止审理，或者宣告无罪：

（一）情节显著轻微、危害不大，不认为是犯罪的；
（二）犯罪已过追诉时效期限的；
（三）经特赦令免除刑罚的；
（四）依照刑法告诉才处理的犯罪，没有告诉或者撤回告诉的；
（五）犯罪嫌疑人、被告人死亡的；
（六）其他法律规定免予追究刑事责任的。

第一百七十七条第一款 犯罪嫌疑人没有犯罪事实，或者有本法第十六条规定的情形之一的，人民检察院应当作出不起诉决定。

6. 存疑不起诉

检察职能

检察机关对于经过退回补充侦查或自行侦查，仍然认为证据不足，不符合起诉条件的案件作出不起诉决定。

案例故事

张某涉嫌生产、销售不符合安全标准的食品案

2016年9月至12月，张某先后两次分别从张某力（另案处理）处购买"卫群"牌食盐25箱和50箱，全部卖给了开卤肉店的张某生。后郑州市盐业管理局将张某生卤肉作坊内的73箱"卫群"牌食盐予以扣押。经检验认定，涉案的一批次食盐中碘指标不符合加碘食用盐规定，氯化钠指标符合精制工业盐优级规定。公安机关以张某涉嫌生产、销售不符合安全标准的食品罪移送审查起诉，检察机关经审查后作出存疑不起诉决定。

经审查，本案中证明行为人张某是否明知"卫群"牌食盐是不符合安全标准的食品的证据不足，且无法查证属实。一是张某否认自己明知，上家张某力也供述自己没有告诉张某是非碘盐。二是张某从张某力处进购的非碘盐有品牌，仅凭购买时每箱比市场价便宜20元左右的证据不足以认定张某明知为非碘盐。三是现有证据无法认定张某明知该食盐系伪劣产品。因此，张某主观明知方面的证据存疑，根据《中华人民共和国刑法》第143条的规定，生产、销售不符合安全标准的食品罪要求行为人在主观上明知是不符合安全标准的食品，故对该案作出存疑不起诉的决定。

专业解读

检察机关向人民法院提起公诉的案件，应当事实清楚，证据确实充分。但实践中部分案件由于证据缺失等原因，侦查机关移送给检察机关的案件事实不清，证据不足，经过退回补充侦查或检察机关自行补充侦查后仍然无法补充相关证据，未能达到事实清楚，证据确实充分的起诉标准，根据疑罪从无的法治理念不能认定犯罪嫌疑人构成犯罪，因此检察机关作出不起诉决定。

证据不足，不能确定犯罪，不符合起诉条件的情形主要有五种：一是犯罪构成要件事实缺乏必要的证据予以证明；二是据以定罪的证据存在疑问，无法查证属实的；三是据以定罪的证据之间存在矛盾；四是根据证据得出的结论具有其他可能性，不能排除合理怀疑的；五是根据证据认定案件事实不符合逻辑和经验法则，得出的结论明显不符合常理的。

检察机关作出存疑不起诉的决定，是因现有证据无法达到起诉的条件，不能有效证明犯罪。检察机关即使作出了存疑不起诉的决定，但当发现新的证据，符合起诉条件时，检察机关仍可以提起公诉。

存疑不起诉是疑罪从无法治理念的贯彻，是对人权最大的维护。一方面，因为证据不足，即使有合理的怀疑，也不能认定为犯罪，从而作出不起诉决定，使其脱离嫌疑人身份；另一方面，诉讼程序有严格的时限要求，在时限要求内无法找到足已证明嫌疑人犯罪的证据就得作出明确决定，不能继续以犯罪嫌疑人对待，这可以避免公民权益受到过度伤害，更是对公民权益的充分尊重和基本保障。

相关法律

《中华人民共和国刑事诉讼法》

第一百七十五条第四款 对于二次补充侦查的案件，人民检察院仍然认为证据不足，不符合起诉条件的，应当作出不起诉的决定。

7.出庭支持公诉

检察职能

检察机关对法院审理的公诉案件，派员以国家公诉人的身份出庭履职。

案例故事

陈某等人跨境涉黑案

被告人陈某等人勾结缅甸某赌场，成立了以被告人陈某为组织、领导者的黑社会性质组织。该组织利用互联网社交平台，发布虚假贷款信息，先后诱骗11名被害人偷渡到缅甸。该组织通过与其勾连的缅甸某赌场，故意制造被害人赌债，以偿还赌债或高额差旅费为由，将11名被害人作为人质看押，采用殴打、虐待、侮辱等手段，强迫被害人打电话给亲友交纳赎金，共勒索30余万元。其间，被害人因不堪虐待、殴打而集体反抗。该黑社会性质组织的暴力殴打等行为致11名被害人中的1人死亡、1人重伤，其他9名被害人不同程度受伤。

2018年6月，检察机关以涉嫌组织、领导黑社会性质组织罪、绑架罪、组织他人偷越国境罪对陈某等10人提起公诉。2018年11月24日，法院一审开庭审理此案，检察机关派员出庭支持公诉。庭审中，公诉人宣读了起诉书。在法庭调查阶段，公诉人围绕庭审焦点问题讯问被告人；通过多媒体手段进行全面举证，对有争议的犯罪事实进行举证质证；申请有专门知识的人出庭，以证实被绑架的被害人致死原因；根据对证人保护的要求，在法庭上播放了被害人指认犯罪地点和被告人看押、殴打有关被害人以勒索赎金的视频。在法庭辩论阶段，公诉人发表了公诉意见，重点围绕涉黑犯罪的构成要件、法律适用、被告人实施犯罪的危害性及打击必要性等方面进行了阐述，对被告人与辩护人提出的有关争议点进行了回应。

专业解读

公诉，是国家以法律形式赋予检察机关代表国家并依照法律规定所行使的，要求审判机关对犯罪分子进行审判的诉讼活动。公诉人出庭支持公诉，主要承担四个方面的任务：一是代表国家指控、揭露和证实犯罪，提请人民法院对被告人依法审判；二是对法庭审判活动是否合法进行监督；三是维护诉讼参与人的合法权利；四是结合案情进行法治宣传和教育。

公诉人在法庭上的主要任务包括：宣读起诉书，代表国家指控犯罪；讯问被告人；询问证人、被害人、鉴定人；申请法庭出示物证，宣读书证、未到庭证人的证言笔录、鉴定人的鉴定意见、勘验、检查、辨认、侦查实验等笔录和其他作为证据的文书，播放作为证据的视听资料、电子数据等；对证据采信、法律适用和案件情况发表意见，提出量刑建议及理由；针对被告人、辩护人的辩护意见进行答辩，全面阐述公诉意见；维护诉讼参与人的合法权利；对法庭审理中有无违反法定诉讼程序的情况记明笔录等诉讼活动。

相关法律

《中华人民共和国刑事诉讼法》

第一百八十九条　人民法院审判公诉案件，人民检察院应当派员出席法庭支持公诉。

《人民检察院刑事诉讼规则（试行）》

第四百二十六条第一款　提起公诉的案件，人民检察院应当派员以国家公诉人的身份出席第一审法庭，支持公诉。

8.非法证据排除

检察职能

检察机关依法履行职责,排除非法证据,防范冤假错案发生。

案例故事

李某某涉嫌故意杀人案

2013年3月,公安机关以涉嫌故意杀人罪提请检察机关批准逮捕犯罪嫌疑人李某某。公安机关认定,2013年2月16日晚11时许,李某某手持事先准备好的木棍,跳入李某占家准备实施盗窃时被发现。李某某趁李某占不备,用木棍朝李某占头部击打,将李某占打倒在地。后李某某又用木棍击打李某占的侄孙女李某香。李某某将李某占家的现金盗走,并将院内玉米秸秆放在屋内点燃,同时将煤气拧开,致李某占家着火,李某占和李某香死亡。

检察机关经审查发现,本案除犯罪嫌疑人李某某的有罪供述外,缺少其他能够认定李某某实施犯罪行为的客观性证据。犯罪嫌疑人李某某先后共作15次供述,前5次均不承认实施犯罪并提出无作案时间等辩解,而后10次有罪供述又存在多处矛盾。结合在案其他证据,本案存在相当多的疑点不能合理排除,且公安机关不能依法提供同步讯问录像。

在检察官提审时,李某某全部否认自己原来所作有罪供述,辩解侦查人员对其进行了刑讯逼供。经查看,其身上确实有多处明显新鲜疤痕。检察人员调取了相关监控录相,结合外伤结痂情况以及其他调查情况,证明犯罪嫌疑人身上的伤确实是在被送进看守所前造成的,公安机关存在对李某某刑讯逼供的嫌疑。检察机关依法排除非法证据后，结合本案证据情况，决定以事实不清、证据不足，不批准逮捕犯罪嫌疑人李某某，向公安机关发出《纠正违法通知书》，同时详细列明了需补查事项，督促公安机关予以查证。

公安机关经调查，查清侦查人员在办案中确实存在刑讯逼供行为，对责任人进行了处理。为杜绝此类事情再次发生，公安机关及时通报情况，制定了严格的工作措施。

专业解读

刑事诉讼的目的是惩罚犯罪和保障人权。人民检察院对刑事诉讼实施法律监督必须坚持客观公正的立场，坚持实体正义与程序正义并重的司法理念，既依法惩治犯罪，又有效保障当事人合法权益，不仅要依法打击犯罪行为，还要切实履行监督职能，对以非法手段获取的非法证据依法予以排除，对侵害犯罪嫌疑人人权的行为及时监督纠正。

刑讯逼供作为刑事司法办案的历史顽疾，以获取犯罪嫌疑人口供为核心，不重视其他证据的收集和应用，实践中往往表现为对犯罪嫌疑人人身权利的严重侵犯。从近年来暴露出的冤假错案成因看，刑讯逼供是主要因素之一，严重损害了司法公信力和社会公平正义。作为履行法律监督职责的检察机关，应当切实担负起防止刑讯逼供、排除非法证据、保护犯罪嫌疑人合法权益的重要责任。检察机关对刑讯逼供行为发现得越早，越能够有效降低甚至避免违法侦查行为对犯罪嫌疑人合法权益的侵害，越能够确保刑事案件的诉讼活动在正常轨道上进行。

相关法律

《中华人民共和国刑事诉讼法》

第五十六条 采用刑讯逼供等非法方法收集的犯罪嫌疑人、被告人供述和采用暴力、威胁等非法方法收集的证人证言、被害人陈述,应当予以排除。收集物证、书证不符合法定程序,可能严重影响司法公正的,应当予以补正或者作出合理解释;不能补正或者作出合理解释的,对该证据应当予以排除。

在侦查、审查起诉、审判时发现有应当排除的证据的,应当依法予以排除,不得作为起诉意见、起诉决定和判决的依据。

第五十七条 人民检察院接到报案、控告、举报或者发现侦查人员以非法方法收集证据的,应当进行调查核实。对于确有以非法方法收集证据情形的,应当提出纠正意见;构成犯罪的,依法追究刑事责任。

9.退回补充侦查

> **检察职能**
>
> 检察机关对公安等侦查机关移送起诉的刑事案件进行审查，对于需要补充侦查的，退回侦查机关补充侦查。

案例故事

朱某明操纵证券市场案

犯罪嫌疑人朱某明从事证券经纪人工作期间，担任《谈股论金》电视节目特邀嘉宾。其在《谈股论金》节目录制前买入股票，录制中以特邀嘉宾身份对其先期买入的股票进行公开评价、预测及推介，影响股票的交易量和交易价格，并在节目首播后一至二个交易日内抛售购买的股票，获取利益。朱某明通过这种方式买入卖出股票交易金额2000余万元，非法获利75万余元。

公安机关以朱某明涉嫌操纵证券市场罪移送检察机关审查起诉。在审查起诉阶段，朱某明向检察机关辩称：涉案账户系其父亲朱某实际控制，其在节目上公布的内容不属于公开评价、预测、推介个股，涉案账户资金系家庭共同财产，其本人并未从中受益。检察机关审查认为，犯罪嫌疑人朱某明与涉案账户的实际控制关系、公开推介是否构成交易操纵中的"公开荐股"以及行为能否认定为"操纵证券市场"等问题，有待进一步查证。

检察机关二次将案件退回补充侦查，要求公安机关补充查证犯罪嫌疑人的淘宝、网银等IP地址、MAC地址，并与涉案账户证券交易IP地址做筛选比对；将涉案账户资金出入与犯罪嫌疑人个人账户资金往来做关联比对；进一步对其父朱某在关键细节上做针对性询问，以核实朱某明的辩解；由证券监管部门对本案犯罪嫌疑人的行为是否构成"公开荐股""操纵证券市场"提出认定意见。公安机关经补充侦查，进一步收集了相关证据。结合补充收集的证据，检察机关再次提讯朱某明，并听取其辩护律师意见。朱某明在展示的证据面前，对其犯罪事实供认不讳。检察机关以朱某明犯操纵证券市场罪提起公诉。最终法院判决朱某明有期徒刑11个月，并处罚金76万元，对其违法所得予以没收。

专业解读

人民检察院受理公安机关移送起诉的案件，应当进行审查，经审查认为犯罪事实已经查清，证据确实、充分，依法应当追究刑事责任的，应当向人民法院提起公诉。如果审查认为存在犯罪事实不清、证据不足或者遗漏罪行、遗漏同案犯罪嫌疑人需要继续侦查等情形，则可以要求公安机关进行补充侦查。对人民检察院退回补充侦查的案件，公安机关应当在一个月内补充侦查完毕，且补充侦查的次数以二次为限。公安机关补充侦查完毕，将案件移送人民检察院，人民检察院重新计算审查起诉期限。对于经过二次补充侦查的案件，人民检察院仍然认为证据不足，不符合起诉条件的，应当作出不起诉的决定。

通过退回补充侦查，及时提出补充侦查的意见，引导公安机关有针对性地补充完善证据，为依法公正作出决定提供保障。这是贯彻证据裁判原则的必然要求，对于保证办案质量，确保起诉的案件符合证据确实、充分的证明标准具有重要意义。

相关法律

《中华人民共和国刑事诉讼法》

第一百七十五条第一款 人民检察院审查案件，可以要求公安机关提供法庭审判所必需的证据材料；认为可能存在本法第五十六条规定的以非法方法收集证据情形的，可以要求其对证据收集的合法性作出说明。

第二款 人民检察院审查案件，对于需要补充侦查的，可以退回公安机关补充侦查，也可以自行侦查。

第四款 对于二次补充侦查的案件，人民检察院仍然认为证据不足，不符合起诉条件的，应当作出不起诉的决定。

10.速裁程序

检察职能

检察机关对可能判处三年有期徒刑以下刑罚,且事实清楚,证据确实、充分,当事人对适用法律没有争议,被告人认罪认罚并同意适用从轻从快办理案件的诉讼程序。

案例故事

王某盗窃案

2018年11月,某大学食堂面点师王某在校园内,窃取该校某学生电动自行车一辆(经鉴定价值2125元)。2018年12月,王某被民警抓获。其如实供述了自己罪行,涉案财物被查获并发还。

该案移送检察机关审查起诉后,检察机关适用速裁程序,在听取被害人意见后,于次日提讯王某。王某和律师同意检察机关提出的拘役2至4个月、并处罚金的量刑建议,同意案件适用速裁程序审理。当天下午,检察机关以速裁程序结案,向法院提起公诉。法院适用速裁程序审理该案,采纳检察机关量刑建议并当庭宣判,以盗窃罪判处王某拘役3个月,罚金2000元。王某当庭表示服从判决,不上诉。

专业解读

刑事速裁程序对于实现繁简分流，提高诉讼效率，缓解司法机关案多人少矛盾具有重要意义。检察机关适用速裁程序办案期限仅有10日。检察官事实上居于速裁程序的枢纽地位，在10日内检察官需要完成审查起诉的全部工作，还要做好联系法律值班律师、确定量刑建议、与犯罪嫌疑人和律师签署认罪认罚具结书等一系列工作，并要在随后的法庭审判阶段出席法庭支持公诉。这对检察官的责任感、使命感和工作效率、业务素质要求很高。

相关法律

《中华人民共和国刑事诉讼法》

第一百七十二条第一款 人民检察院对于监察机关、公安机关移送起诉的案件，应当在一个月以内作出决定，重大、复杂的案件，可以延长十五日；犯罪嫌疑人认罪认罚，符合速裁程序适用条件的，应当在十日以内作出决定，对可能判处的有期徒刑超过一年的，可以延长至十五日。

11. 认罪认罚从宽

> **检察职能**
>
> 检察机关对犯罪嫌疑人、被告人自愿如实供述自己的犯罪,对于指控的犯罪事实没有异议,同意量刑意见并签署具结书的,可以依法从宽处理。从宽处理,包括程序从简,实体从宽。

案例故事

常某故意杀人案

2018年2月,常某因停车收费问题与停车管理员王某某发生争执。常某为逃避交纳停车费,驾车加速通过路口,发现王某某手扒在其车辆左侧时,故意踩刹车将王某某甩脱在路上,造成被害人王某某倒地后头部遭常某车轮碾压,致重度颅脑损伤死亡。

检察机关在审查起诉该案过程中,发现常某在侦查初期能够如实供述,但被逮捕后思想包袱严重,对关键问题予以回避。检察官在严格审查证据基础上,多次提讯常某,运用"证据开示"等策略,针对其所回避的关键问题让客观证据"开口说话"瓦解其侥幸心理,同时从有利于嫌疑人的角度,详细解释刑事诉讼法"认罪认罚从宽制度"的适用条件和可能产生的法律结果,劝导其如实供述事实、争取从轻处罚。在检察官的释法说理和耐心开导下,常某最终对其犯罪事实不再回避,认罪悔罪,主动谋求被害人家属的谅解,案件初步具备适用认罪认罚从宽制度的条件。

为了充分体现认罪认罚从宽制度的法律效果和社会效果,检察官继续依法从两个方面开展工作。一是积极促成双方充分和解。经了解,常某及被害人双方家庭经济情况都十分困难,特别是常某家中有患病的老母亲，孩子刚刚出生几个月，妻子患癌症正在治疗中。对此，承办检察官一方面向被害人家属转达常某及其家属的赔偿愿望，并将常某的家庭困难告知对方，寻求受害方的宽容和谅解；另一方面与常某的家属和辩护人积极沟通协商，争取最大限度的经济赔偿。经反复协商和释法说理，双方达成谅解。常某多名亲属共同筹款赔偿被害人家属60万元，向被害人家属表达诚挚歉意。被害人家属亦表示谅解，并放弃刑事附带民事诉讼请求，双方共同签署了谅解协议书。

二是准确适用案件定性和量刑建议，做到罪责刑相适应。承办检察官通过对近年判例研究，发现类似案件多被认定为故意杀人罪情节较轻，量刑区间在三年以上十年以内有期徒刑。承办检察官依据案件事实，结合刑法规定和相关判例，认定本案是一起突发事件，常某的主观恶性不深，案发后能够如实供述，属于"情节较轻"，可以适用有期徒刑三年至五年的量刑幅度，上述定性和量刑建议幅度得到了被害人家属、被告人常某及其辩护人的认可，常某签署了认罪认罚具结书。

检察机关以常某涉嫌故意杀人罪提起公诉，建议适用认罪认罚程序，并提出有期徒刑三年至五年的量刑建议。法院全面支持检察机关的定性意见和认罪认罚从轻的量刑建议，判处常某有期徒刑三年六个月。常某未提出上诉，被害人家属也未申请检察机关抗诉。

专业解读

认罪认罚从宽制度是进一步落实宽严相济刑事政策，完善刑事诉讼程序，合理配置司法资源，提高办理刑事案件的质量与效率的新型制度设计。新认罪认罚从宽制度和速裁程序，赋予了检察机关量刑建议权和对于重大立功案件的不起诉权。有人提出疑问，为什么新修改的刑事诉讼法增加"认罪认罚从宽制度"。检察机关对常某故意杀人案的办理有效诠释了这一制度的设计目的和效果。

"法生于义，义生于众适，众适合于人心"。刑法既有威严的一面，也有温情的一面；既有惩罚功能，也有教育功能；既有社会矫正作用，也有矛盾化解作用。在刑事和解程序和简易程序仅适用于轻罪案件的情况下，认罪认罚从宽制度不受案件性质、轻重程度、级别管辖的限制，不受被告人是否存在自首、从犯等法定量刑情节影响，以被告人的如实坦白和真诚悔罪换取量刑上的从宽处理，以最大的限度实践"落实宽严相济刑事政策、合理配置司法资源、提高办理刑事案件的质量与效率"的制度设计为目标。检察机关既可以积极发挥诉前引导和教育转化作用，促使犯罪嫌疑人、被告人认罪认罚，又能够通过依法行使量刑建议权发挥审判监督职能，实现刑事诉讼的"质效合一"。

常某故意杀人案属于重罪刑事案件，但该案又确系因民间纠纷引起，犯罪嫌疑人的主观恶性、社会危害性并非深重，其在批捕后的对抗情绪往往是因为对前途看不到希望而引发的，如果仅是从刑罚惩戒的角度予以严惩，而不能依法给予教育挽救，不论从惩戒警示层面，还是社会关系矫正层面都难以取得应有的效果。检察机关通过教育转化并依法适用认罪认罚程序，促使被告人真诚悔罪，通过向被害人赔偿损失、赔礼道歉等方式获得被害人谅解，切实做到矛盾化解和案结事了，不仅充分体现了法律的教育引导功能，更令当事人双方感受到法律的温度。

相关法律

《中华人民共和国刑事诉讼法》

第十五条　犯罪嫌疑人、被告人自愿如实供述自己的罪行，承认指控的犯罪事实，愿意接受处罚的，可以依法从宽处理。

第一百七十四条第一款　犯罪嫌疑人自愿认罪，同意量刑建议和程序适用的，应当在辩护人或者值班律师在场的情况下签署认罪认罚具结书。

12. 量刑建议

检察职能

检察机关对提起公诉的被告人，依法就其适用的刑罚种类、幅度及执行方式等向法院提出建议。量刑建议是检察机关公诉权的一项重要内容。

案例故事

谢某某危险驾驶案

2018年12月2日凌晨，谢某某在未取得机动车驾驶资格的情况下，驾驶小轿车与其他车辆发生事故，谢某某负事故全部责任。经鉴定，其血液中酒精含量为133.6mg/100ml。事故发生后，谢某某在知道他人已经报警的情况下在现场等待。公安机关以谢某某涉嫌危险驾驶罪移送检察机关审查起诉。

检察机关审查后认为，谢某某的行为应当以危险驾驶罪追究其刑事责任，谢某某无证驾驶，应从重处罚，但鉴于其明知他人报警而在现场等待，归案后如实供述犯罪事实，系自首，并自愿认罪认罚，已签署《认罪认罚具结书》，且赔偿对方车辆损失并获得谅解，对其可以依法从轻处罚。2018年12月，检察机关以谢某某涉嫌危险驾驶罪向法院提起公诉，并建议判处其2个月以上4个月以下拘役，并处罚金。法院判决支持了检察机关的定性意见和认罪认罚从宽的量刑建议，判处被告人谢某某拘役2个月，罚金3000元。

专业解读

量刑建议制度有利于检察机关公诉权的全面行使，促进法官更好地行使裁判权，提高监督效果，提高诉讼效率，节约诉讼资源，维护量刑公正。检察院向法院提起公诉的案件，都可以提出量刑建议。量刑建议一般应当具有一定的幅度。人民检察院的量刑建议只是建议权，是否采纳，由人民法院决定。

人民检察院收到人民法院的判决、裁定后，应当对判决、裁定是否采纳检察机关的量刑建议以及量刑理由、依据进行审查，认为判决、裁定量刑确有错误、符合抗诉条件的，依法向人民法院提出抗诉；人民法院未采纳人民检察院的量刑建议并无不当的，人民检察院在必要时可以向有关当事人解释说明。

相关法律

《中华人民共和国刑事诉讼法》

第二百零一条 对于认罪认罚案件，人民法院依法作出判决时，一般应当采纳人民检察院指控的罪名和量刑建议，但有下列情形的除外：

（一）被告人的行为不构成犯罪或者不应当追究其刑事责任的；

（二）被告人违背意愿认罪认罚的；

（三）被告人否认指控的犯罪事实的；

（四）起诉指控的罪名与审理认定的罪名不一致的；

（五）其他可能影响公正审判的情形。

人民法院经审理认为量刑建议明显不当，或者被告人、辩护人对量刑建议提出异议的，人民检察院可以调整量刑建议。人民检察院不调整量刑建议或者调整量刑建议后仍然明显不当的，人民法院应当依法作出判决。

13. 对未生效裁判的刑事抗诉

检察职能

检察机关发现或者认为人民法院作出的刑事判决、裁定确有错误，提请人民法院依法重新审理并予以纠正。刑事抗诉分为两种，一种是对未生效裁判的抗诉，另一种是对生效裁判的抗诉。对未生效裁判的抗诉是刑事诉讼过程中的抗诉，会启动法院二审程序。

案例故事

徐某受贿抗诉案

2010年底至2013年2月，被告人徐某利用其担任某国有集团有限公司采购中心副主任并主管液晶屏采购的职务便利，帮助何某某从韩国LG显示屏有限公司、上海三星半导体有限公司某市分公司等该国有集团有限公司的供货商处购买液晶屏。何某某将液晶屏转卖获利。徐某收受何某某给予的钱款共计118万余元。

针对以上事实，检察机关以徐某行为构成受贿罪提起公诉。2016年9月，法院作出一审判决，以非法经营同类营业罪判处被告人徐某有期徒刑二年九个月，罚金20万元，追缴违法所得。检察机关以认定事实、适用法律确有错误为由向法院提出抗诉。2016年12月，法院公开开庭审理本案，检察机关派员出庭支持抗诉。2017年3月，二审法院采纳检察机关抗诉意见，以受贿罪判处徐某有期徒刑五年六个月，并处罚金100万元，依法追缴违法所得上缴国库。

专业解读

刑事抗诉是法律赋予检察机关的重要职权。通过刑事抗诉纠正确有错误的裁判，切实维护司法公正，是人民检察院履行法律监督职能的重要体现，对于维护司法公正，保护诉讼当事人合法权益，实现社会公平正义，促进社会和谐稳定，树立和维护法治权威具有重要意义。根据《最高人民检察院关于加强和改进刑事抗诉工作的意见》第五条规定，人民法院刑事判决、裁定在适用法律方面存在定罪错误（对案件事实进行评判时发生错误）和量刑错误（适用刑罚与犯罪的事实、性质、情节和社会危害程度不相适应，重罪轻判或者轻罪重判，导致量刑明显不当）的，人民检察院应当提出抗诉和支持抗诉。人民检察院对刑事抗诉工作的基本要求是依法、准确、及时、有效。

对未生效裁判的抗诉，又叫二审程序的抗诉，这种抗诉有点类似于上诉，能够启动二审程序。但其与被告人上诉的最大区别在于，仅有被告人上诉，二审判决不能加重被告人刑罚，即使第二审人民法院发回原审人民法院重新审判的案件，除有新的犯罪事实，人民检察院补充起诉外，原审人民法院也不得加重被告人的刑罚。但是如果因为检察机关抗诉启动二审，则二审判决可以加重被告人的刑罚。

相关法律

《中华人民共和国刑事诉讼法》

第二百二十八条　地方各级人民检察院认为本级人民法院第一审的判决、裁定确有错误的时候，应当向上一级人民法院提出抗诉。

14. 对生效裁判的刑事抗诉

检察职能

检察机关发现或者认为人民法院作出的刑事判决、裁定确有错误时,提请人民法院依法重新审理并予以纠正。刑事抗诉分为两种,一种是对未生效裁判的抗诉,另一种是对生效裁判的抗诉。对生效裁判的抗诉会启动再审程序。

案例故事

齐某强奸、猥亵儿童案

2013年,检察机关以齐某犯强奸罪、猥亵儿童罪对其提起公诉。一审法院依法不公开开庭审理,认定齐某犯强奸罪,判处死刑,缓期二年执行,剥夺政治权利终身;犯猥亵儿童罪,判处有期徒刑四年六个月;决定执行死刑,缓期二年执行,剥夺政治权利终身。被告人未上诉。判决生效后,省高级法院复核,以原判认定部分事实不清为由,裁定撤销原判,发回重审。2014年,一审法院经重新审理,认定齐某犯强奸罪,判处无期徒刑,剥夺政治权利终身;犯猥亵儿童罪,判处有期徒刑四年六个月;决定执行无期徒刑,剥夺政治权利终身。齐某不服提出上诉。2016年,二审法院经审理,作出终审判决,认定齐某犯强奸罪,判处有期徒刑六年,剥夺政治权利一年;犯猥亵儿童罪,判处有期徒刑四年六个月;决定执行有期徒刑十年,剥夺政治权利一年。

地方检察机关认为该案终审判决确有错误,提请最高人民检察院抗诉。最高人民检察院审查认为,该案适用法律错误,量刑不当,应予纠正。2017年,最高人民检察院依照审判监督程序向最高人民法院提出抗诉。最高人民法院再审依法不公开开庭审理本案。2018年7月，最高人民法院作出终审判决，认定原审被告人齐某犯强奸罪，判处无期徒刑，剥夺政治权利终身；犯猥亵儿童罪，判处有期徒刑十年；决定执行无期徒刑，剥夺政治权利终身。

专业解读

对生效裁判的抗诉，又叫审判监督程序的抗诉。上述案例中的抗诉就是对生效裁判的抗诉。

检察机关对生效裁判提出抗诉主要有据以定罪量刑的证据不确实、不充分或应当予以排除，主要证据之间存在矛盾，量刑明显不当，违反法律规定的诉讼程序可能影响公正审判，以及有新的证据证明原判决、裁定认定的事实确有错误，可能影响定罪量刑的。检察机关提起抗诉是由于法院的判决存在错误，可能影响定罪量刑，对生效裁判的抗诉职能对纠正错误裁判特别是冤假错案，维护社会公平正义有着重要的意义。

对生效裁判的抗诉，针对的是已经发生法律效力的判决、裁定，因为涉及生效裁判的稳定性、社会危害性逐渐消减、被告人悔罪服刑再审加重刑罚的价值判断、诉讼经济等问题，因此，检察机关对生效裁判的抗诉持审慎态度，把握的抗诉标准一般严于对一审未生效裁判的抗诉。

相关法律

《中华人民共和国刑事诉讼法》

第二百五十四条第三款 最高人民检察院对各级人民法院已经发生法律效力的判决和裁定，上级人民检察院对下级人民法院已经发生法律效力的判决和裁定，如果发现确有错误，有权按照审判监督程序向同级人民法院提出抗诉。

第四款 人民检察院抗诉的案件，接受抗诉的人民法院应当组成合议庭重新审理，对于原判决事实不清楚或者证据不足的，可以指令下级人民法院再审。

15.刑事和解

检察职能

检察机关对于符合刑事和解适用范围的案件,在审查逮捕、审查起诉环节,通过建议、提供法律咨询等方式,促进犯罪嫌疑人、被害人双方当事人自愿达成和解,弥补被害人方面的损失、有效化解社会矛盾。

案例故事

李某故意伤害案

2018年1月,李某与丁某等同事在某歌厅唱歌。因结账问题,先行离开的李某等三人与后期离开的丁某等三人在电话中发生争执。双方当晚见面后纠纷升级,李某将丁某右手腕部打伤,致丁某右手腕舟状骨骨折,经鉴定为轻伤二级。犯罪嫌疑人李某被公安机关抓获后,如实供述了上述犯罪事实。

2018年3月,公安机关以故意伤害罪将李某提请检察机关批准逮捕。检察机关经审查认为,犯罪嫌疑人与被害人系同事,双方没有大的矛盾,案件发生与双方酒后失控有很大关系。本案是较为典型的因民间纠纷引发的伤害案件,属于刑事和解案件范畴。承办检察官积极促成双方当事人达成和解意向,签署书面和解协议书,李某父亲代为赔偿丁某人民币2.5万元。丁某表示谅解,不再追究李某任何责任。检察机关未批准逮捕李某,李某强制措施被变更为取保候审。

2018年6月,公安机关将此案移送检察机关审查起诉。检察机关重点核实了犯罪嫌疑人取保候审后与被害人的关系问题,确认双方一直和平相处,没有发生任何矛盾纠纷,犯罪嫌疑人也真诚地认罪悔罪，被害人希望检察机关对嫌疑人作轻缓化处理。检察机关经征求被害人意见，对李某作出相对不起诉处理决定。

专业解读

对于符合刑事和解条件的案件，检察机关具有促进和解的职能与义务，即通过建议和解、提供法律咨询答疑解惑，促进双方当事人达成和解，这对于贯彻宽严相济刑事政策、维护被害人合法权益、化解社会矛盾、实现案结事了均具有重要意义。

如本案中，办案检察官在嫌疑人及其家属、被害人间进行沟通，确认双方均具有和解的意愿并愿意直接进行接触，之后促成双方和解，并负责向双方答疑解惑，帮助双方更全面地理解刑事和解的意义和法律后果。在双方达成和解意向后，主持制作和解协议书，并履行职责先后作出无逮捕必要不捕和相对不起诉处理决定，落实了宽严相济刑事政策，使案件处理做到了案结事了，既节省了司法资源，又有效化解了社会矛盾。

相关法律

《中华人民共和国刑事诉讼法》

第二百八十八条　下列公诉案件，犯罪嫌疑人、被告人真诚悔罪，通过向被害人赔偿损失、赔礼道歉等方式获得被害人谅解，被害人自愿和解的，双方当事人可以和解：

（一）因民间纠纷引起，涉嫌刑法分则第四章、第五章规定的犯罪案件，可能判处三年有期徒刑以下刑罚的；

（二）除渎职犯罪以外的可能判处七年有期徒刑以下刑罚的过失犯罪案件。

犯罪嫌疑人、被告人在五年以内曾经故意犯罪的，不适用本章规定的程序。

第二百九十条　对于达成和解协议的案件，公安机关可以向人民检察院提出从宽处理的建议。人民检察院可以向人民法院提出从宽处罚的建议；对于犯罪情节轻微，不需要判处刑罚的，可以作出不起诉的决定。人民法院可以依法对被告人从宽处罚。

16. 违法所得没收申请

检察职能

检察机关为避免国有资产流失，防止任何人从犯罪中获益，针对贪污贿赂犯罪、恐怖活动犯罪等重大犯罪案件，犯罪嫌疑人逃匿、死亡的，依照刑法规定应当追缴其违法所得及其他涉案财产的，向人民法院提出没收违法所得的申请。

案例故事

黄某违法所得没收案

某地区物资发展总公司原总经理兼法人代表、地区物资局原副局长黄某，利用职务便利，伙同他人代表发展总公司经营期货，隐匿期货收益，规避公司财务管理，将发展总公司期货资金洗成私钱。其将侵吞的部分公款3000万余元用于私人购买多套房产。为非法占有上述房产，黄某将有关房产虚假过户给他人，但由其家庭成员实际管理并处分。

2002年8月，检察机关对犯罪嫌疑人黄某涉嫌贪污犯罪案立案侦查。同年10月，通过公安机关对黄某网上追逃。同年12月，检察机关对其决定逮捕。2005年，最高人民检察院提请国际刑警组织发布红色通缉令。犯罪嫌疑人黄某涉嫌贪污罪逃匿，始终不能到案，依照法律规定应当对其违法所得及其他涉案财产予以追缴。2016年12月，检察机关依法向法院提出没收违法所得申请。经法院审理，认定黄某涉嫌贪污罪事实清楚，证据确实、充分，裁定支持检察机关提出的没收违法所得申请。

专业解读

由于此前刑事诉讼法中未规定缺席判决制度,犯罪嫌疑人、被告人在逃或者死亡的,刑事诉讼程序就不得不中止(终止)。因此,犯罪分子只要在定罪前逃脱、藏匿或死亡,便可保全违法所得。有的犯罪分子通过洗钱等方式将赃款转移到境外,企图逃避我国司法机关的追诉;有的犯罪分子畏罪自杀,一方面"保护"了利益相关人,另一方面保全赃款"成全"了家人。

为了弥补法律规定的不足,更好地履行《联合国反腐败公约》的义务,防止资产流失,同时避免任何人因犯罪而受益,2012年修改的刑事诉讼法特别程序编专门设立了"犯罪嫌疑人、被告人逃匿、死亡案件违法所得的没收程序",规定检察机关可以对贪污贿赂犯罪、恐怖活动犯罪、危害国家安全、走私、洗钱、金融诈骗、黑社会性质组织、毒品以及电信诈骗、网络诈骗等犯罪案件主动启动没收违法所得程序,在犯罪嫌疑人、被告人缺席的情况下,对其犯罪所得的违法财物通过法院裁定的方式予以没收处置。这一方面切断了犯罪分子的经济来源,对贪腐人员的自首起到了积极作用,也切断了恐怖活动和洗钱等犯罪的资金链条;另一方面也对潜在的犯罪活动形成一定的威慑力。

本案是当地第一例适用违法所得没收程序的案件。为了准确把握案件定性及处理,严格把控案件质量,检察机关认真审查全案证据材料,深入研讨相关问题,不断完善工作方案,最终申请内容获得法院的裁定支持,取得了良好的法律效果和社会效果。违法所得没收程序的设立为没收犯罪违法所得特别是海外追逃追赃奠定了坚实的法律基础,彰显了司法的价值和正义的理念。

相关法律

《中华人民共和国刑事诉讼法》

第二百九十八条第一款 对于贪污贿赂犯罪、恐怖活动犯罪等重大犯罪案件,犯罪嫌疑人、被告人逃匿,在通缉一年后不能到案,或者犯罪嫌疑人、被告人死亡,依照刑法规定应当追缴其违法所得及其他涉案财产的,人民检察院可以向人民法院提出没收违法所得的申请。

第三百条 人民法院经审理,对经查证属于违法所得及其他涉案财产,除依法返还被害人的以外,应当裁定予以没收;对不属于应当追缴的财产的,应当裁定驳回申请,解除查封、扣押、冻结措施。

对于人民法院依照前款规定作出的裁定,犯罪嫌疑人、被告人的近亲属和其他利害关系人或者人民检察院可以提出上诉、抗诉。

17.强制医疗程序

> **检察职能**
>
> 检察机关对于公安机关移送的或者在审查起诉过程中发现的,实施暴力行为危害公共安全或者严重危害公民人身安全,达到犯罪程度,经法定程序鉴定确认不负刑事责任的精神病人,有继续危害社会可能的,依法向人民法院提出强制医疗的申请,并对强制医疗的决定和执行实行监督。

> **案例故事**

赵某强制医疗案

2018年5月,精神病人赵某携带菜刀来到某国家机关,在民警依法对其拦阻盘查时持菜刀挥砍,造成一名民警腹部受伤。

2018年10月,相关鉴定机构作出精神病司法鉴定,认定赵某患精神分裂症,实施违法行为时,受精神疾病影响,辨认和控制能力丧失,评定为无刑事责任能力。公安机关在司法鉴定作出当日撤销案件。同时,检察机关向法院申请对赵某实施强制医疗。法院随后作出对赵某予以强制医疗的决定。

专业解读

根据法律规定，精神病人在不能辨认或者不能控制自己行为的时候造成危害后果，不承担刑事责任。但是，有些精神病人具有很强的攻击性和人身危险性，如果不采取有效的措施加以监护和看管，很可能继续危害社会。为了维护社会秩序，防止其继续危害他人人身、财产安全，并从充分保障精神病患者的健康角度考虑，法律规定了强制医疗程序。

有权向人民法院提出强制医疗申请的机关只能是人民检察院，人民检察院对于公安机关移送的或者在审查起诉中发现的精神病人符合强制医疗条件的，应当向人民法院提出强制医疗的申请。之所以这么规定，是因为强制医疗涉及对行为人人身自由的剥夺，同时还涉及犯罪事实和行为人不负刑事责任的认定，在性质上与普通刑事案件并没有太大的差异。因此，刑事诉讼法对强制医疗程序按照司法化结构设计，由人民检察院提出申请、人民法院作出决定。同时，人民法院在审理案件过程中发现被告人符合强制医疗条件的，也可以作出强制医疗的决定。

精神病人实施了犯罪行为，并非必须适用强制医疗措施，法律对强制医疗的适用对象作了限制性规定，只针对实施了暴力行为，危害公共安全或者严重危害公民人身安全，经法定程序鉴定确认不负刑事责任的精神病人，有继续危害社会可能的，才能适用强制医疗措施。检察机关必须对是否符合强制医疗条件进行认真审查，不仅要审查司法精神病鉴定意见，还要审查精神病人行为的性质和继续危害社会的可能性，以确保正确适用强制医疗。

同时，检察机关依法对公安机关、人民法院和强制医疗机构进行的与强制医疗程序相关的活动是否合法实行监督，既包括对公安机关提出强制医疗意见和采取临时保护性约束措施是否合法实行监督，也包括对人民法院作出强制医疗或者解除强制医疗的决定是否合法实行监督，还包括在执行期间，是否依法对被强制医疗的人进行诊治和定期对其进行诊断评估，以及是否存在体罚、虐待等侵犯被强制医疗的人的合法权利等实行监督。

相关法律

《中华人民共和国刑法》

第十八条第一款 精神病人在不能辨认或者不能控制自己行为的时候造成危害结果，经法定程序鉴定确认的，不负刑事责任，但是应当责令他的家属或者监护人严加看管和医疗；在必要的时候，由政府强制医疗。

《中华人民共和国刑事诉讼法》

第三百零三条第二款 公安机关发现精神病人符合强制医疗条件的，应当写出强制医疗意见书，移送人民检察院。对于公安机关移送的或者在审查起诉过程中发现的精神病人符合强制医疗条件的，人民检察院应当向人民法院提出强制医疗的申请。人民法院在审理案件过程中发现被告人符合强制医疗条件的，可以作出强制医疗的决定。

第三百零七条 人民检察院对强制医疗的决定和执行实行监督。

18. 立案监督

检察职能

检察机关对公安等侦查机关的立案活动是否合法进行法律监督。具体来说，包括对应当立案侦查而不立案侦查的监督和对不应当立案而立案的监督。

案例故事

长江安徽段系列污染环境案

2017年年底，相关部门发现，有大量船舶从江浙地区通过长江水路向安徽省境内运输、倾倒固体废物。公安机关和海事部门先后查扣装载不明固体废物的船只7艘，初步查明已倾倒和在船上的不明固体废物上万吨。鉴于船只装载固体废物数量巨大，环保部门短时间内难以全面检测确定物质属性，公安机关未予立案。

办理污染环境犯罪案件检验鉴定周期长、证据固定难，但若不及时立案取证，证据容易灭失。检察机关认为，该案污染物经初步检测为有毒有害物质，数量巨大、影响恶劣，如不及时处理，将给沿江流域生态环境及人民群众健康造成影响。

2018年1月，检察机关启动立案监督程序，向公安机关发出《要求说明不立案理由通知书》及《通知立案书》。公安机关立即对该案立案侦查。经侦查，2017年10月至11月，犯罪嫌疑人李某冒用安徽某建材公司名义，从江苏苏州、浙江桐乡9家印染企业收集污泥约2500吨，并经犯罪嫌疑人张某松、张某滨将污泥转包给犯罪嫌疑人黄某刚联系船只运输至安徽省铜陵市义安区上江村倾倒。案发时，1750吨已倾倒至铜陵段长江水域，严重污染环境。

该案经检察机关依法批捕、起诉，法院判决李某、黄某刚等人犯污染环境罪，判处有期徒刑六年至一年不等，并处罚金；判处9家印染企业和污水处理企业赔偿生态环境修复费用、应急处置费用、鉴定评估费用共计1300余万元，并向社会公开赔礼道歉。

专业解读

立案监督是法律赋予检察机关的重要职能。检察机关要坚持敢于监督、善于监督、依法监督，特别是在破坏环境资源、危害食品药品安全等领域，坚决纠正有案不立、有罪不究以及执法不严、执法不公问题，在保护非公经济发展中坚决纠正违法动用刑事手段插手经济纠纷等问题。

相关法律

《中华人民共和国刑事诉讼法》

第一百一十三条 人民检察院认为公安机关对应当立案侦查的案件而不立案侦查的，或者被害人认为公安机关对应当立案侦查的案件而不立案侦查，向人民检察院提出的，人民检察院应当要求公安机关说明不立案的理由。人民检察院认为公安机关不立案理由不能成立的，应当通知公安机关立案，公安机关接到通知后应当立案。

19.侦查活动监督

检察职能

检察机关依法对侦查主体的侦查活动是否合法进行法律监督。

案例故事

王某某涉嫌贩卖毒品案

2014年12月,某派出所协警王某天、王某辉接到对王某某贩卖毒品的举报后,在未经派出所负责人允许、没有搜查证的情况下,擅自到王某某家使用手铐将其带至派出所,从王某某身上搜出毒品、现金等物品。派出所接案后,捏造使用特情人员在王某某进行毒品交易时将其当场抓获,并缴获毒品、现金等案件事实,向检察机关提请批准逮捕。

检察机关经审查发现,公安机关在案卷中提供的受案登记表、立案决定报告书、归案情况说明、破案说明、办案说明、扣押物品清单、犯罪嫌疑人讯问笔录、证人询问笔录、呈请刑事拘留报告书、提请批准逮捕意见书等法律文书内容均与客观事实不符,存在严重造假。检察机关作出不批准逮捕决定,并向公安机关发出《纠正违法通知书》。公安机关对办案单位进行通报批评,对该派出所负责人进行了诫勉谈话。

本案是检察机关在侦查初始阶段的审查逮捕环节对案件疑点进行全面过滤和审查,进而发现侦查机关制造了"假案",有效监督了侦查机关的违法侦查行为。

专业解读

检察机关对侦查活动是否合法进行监督，负责对侦查违法行为纠错，肩负着制约侦查权、保障诉讼参与人合法权益的职责。

侦查活动监督包括对侦查机关在办理刑事案件过程中所进行的各项专门调查活动、强制性侦查措施以及强制措施是否合法的监督。检察机关通过对侦查活动的监督，纠正刑讯逼供、非法取证、漏捕漏诉、滥用强制措施、违法查封、扣押、冻结财物等违法侦查行为。

检察机关的侦查活动监督贯穿于侦查活动全过程，对于监督侦查机关依法正确行使侦查权，准确打击犯罪，保护公民和法人合法权利不受非法侵害，确保刑事诉讼顺利进行具有十分重要的意义。

相关法律

《中华人民共和国刑事诉讼法》

第八条　人民检察院依法对刑事诉讼实行法律监督。

《人民检察院刑事诉讼规则（试行）》

第五百六十六条第一款　人民检察院发现公安机关侦查活动中的违法行为，对于情节较轻的，可以由检察人员以口头方式向侦查人员或者公安机关负责人提出纠正意见，并及时向本部门负责人汇报；必要的时候，由部门负责人提出。对于情节较重的违法情形，应当报请检察长批准后，向公安机关发出纠正违法通知书。构成犯罪的，移送有关部门依法追究刑事责任。

20.提前介入

> **检察职能**
>
> 检察机关针对侦查机关立案侦查的刑事案件，应侦查机关的邀请或者认为确有必要时，派员适时介入侦查活动，规范引导侦查机关及时全面收集、固定证据，就事实认定、证据补充审查、程序选择、法律适用提出意见建议。

> **案例故事**

昆山龙哥反杀案

2018年8月27日晚，于海明在江苏省昆山市骑自行车与刘某驾驶的小轿车险些碰擦，双方发生争执。刘某下车推搡、踢打于海明，并从轿车内取出一把砍刀（系管制刀具），连续用刀面击打于海明。击打过程中，刘某将砍刀甩脱，被于海明抢到。刘某上前争夺时，于海明用砍刀捅刺、砍击刘某。刘某受伤后跑向轿车，于海明继续追砍2刀。刘某后被送医院抢救，因腹部大静脉等破裂致失血性休克死亡。于海明左颈部、左胸季肋部受挫伤。

公安机关以涉嫌故意伤害罪对于海明立案侦查，并依法邀请检察机关提前介入侦查。由于于海明是否构成正当防卫存在争议，此案在社会上引起极大关注。昆山市人民检察院提前介入侦查，在查阅案件证据材料后，对公安机关侦查取证活动提出应查清刘某死因与于海明追砍2刀的因果关系、案发后是群众报警还是如于海明陈述的是其要求同事报的警、刘某死亡地点距案发地点的距离、于海明后来放弃追击的原因、刘某静脉出血量和其他伤口出血量、单纯静脉出血是否具有高概率死亡可能等10余条侦查建议。随后，根据该案具体情况，对于海明的行为是否构成正当防卫提出四点意见：一是刘某醉酒驾车，违规变道，主动滋事，最后持刀击打，不法侵害步步升级；二是刘某受伤起身后，立即跑向原放置砍刀的汽车，于海明无法排除其从车内取出其他"凶器"的可能性，于海明人身安全始终面临着紧迫而现实的危险，本案系"正在进行的行凶"；三是于海明抢刀后，连续捅刺、砍击刘某5刀，所有伤害行为均在7秒内实施，属于情急下的正常反应，不能苛求其精准控制捅刺的力量和部位，其行为符合特殊防卫要求；四是从正当防卫的制度价值看，应当优先保护防卫者。

9月1日晚，公安机关发布通报称，经对案件进行细致侦查和邀请检察机关提前介入侦查，根据查明的事实，并听取检察机关意见和建议，认定于海明的行为属于正当防卫，不负刑事责任，依法撤销于海明案件。昆山市人民检察院于当晚发出通报，同意公安机关的撤销案件决定。

专业解读

重大案件的办理，时间紧、任务重，检察机关提前介入，既可以从诉讼的角度提出意见建议，引导公安机关侦查和取证，形成办案合力，共同打击犯罪；又可以对公安机关侦查活动进行有力监督，保护相关人员的合法权益并保证取证行为和证据的合法性。同时检察官可通过提前介入侦查，提前熟悉案情，为之后审查逮捕乃至审查起诉打好基础。

本案社会影响大，对于海明是否构成正当防卫存在较大的争议，属于重大案件，因此检察机关依法提前介入。检察机关介入侦查后，在对侦查取证活动提出建议的同时，针对社会各界广泛关注的"于海明是否构成正当防卫"这一法律适用问题，根据事实、证据和相关规定，提出了于海明属于正当防卫，不负刑事责任的意见。公安机关作出撤案决定、发布通报后，昆山市人民检察院同步发布通报，增强了司法公信力，得到社会各界广泛认可。

检察机关提前介入侦查活动，既是"顾问"，又是监督者，对侦查行为进行指导和监督，保证公安机关及时准确查明案件事实，同时通过发挥监督作用，确保侦查活动规范有序开展，有效保护诉讼参与人合法权益，检察机关与侦查机关、诉讼参与人实现多赢共赢。

检察机关的提前介入主要是"顾问",最终侦查活动如何开展仍由侦查机关决定。同时,检察机关的提前介入不是全部、广泛介入,只有在重大、疑难、复杂案件中,检察机关应公安机关商请或者认为必要时才会提前介入,这也是我国刑事诉讼活动中公安机关与检察机关分工负责、互相配合、互相制约原则的生动体现。

相关法律

《中华人民共和国刑事诉讼法》

第八十七条 必要的时候,人民检察院可以派人参加公安机关对于重大案件的讨论。

《人民检察院刑事诉讼规则(试行)》

第三百六十一条 对于重大、疑难、复杂的案件,人民检察院认为确有必要时,可以派员适时介入侦查活动,对收集证据、适用法律提出意见,监督侦查活动是否合法。

21. 羁押必要性审查

检察职能

检察机关在犯罪嫌疑人、被告人被逮捕后,对是否具有继续羁押的必要性进行审查,经审查认为不需要继续羁押的,建议有关办案机关或部门予以释放或者变更强制措施。

案例故事

方某磊羁押必要性审查案

方某磊,系某省远华环境建设有限公司负责人,因涉嫌串通投标罪于2018年6月被检察机关批准逮捕,羁押于当地看守所。后检察机关依法对其进行羁押必要性审查,经审查后认为:方某磊串通投标案件事实已基本查清,证据基本固定,方某磊认罪态度好,自愿认罪认罚,其企业及家属能够提供保证金或合适的保证人,保证诉讼程序正常进行,且长期羁押方某磊会影响其公司经营管理,可能导致公司发展陷入困境,员工及其家庭也会面临困境。检察机关提出建议,方某磊被取保候审,回到企业主持工作,保证了企业稳定发展。

吴某革羁押必要性审查案

吴某革因涉嫌盗窃犯罪,于2018年5月被检察机关批准逮捕,羁押于当地看守所。后吴某革的女儿吴某突发急性白血病,必须做造血干细胞移植方能长期生存。经骨髓配型,吴某革与吴某符合移植条件。吴某革的妻子患有肝炎,不具有造血干细胞移植条件,吴某革成为挽救其女儿生命的唯一希望。从人性化执法和人道主义出发,检察机关及时启动对犯罪嫌疑人吴某革的羁押必要性审查,对吴某革变更强制措施为取保候审。后吴某革女儿吴某成功做了骨髓移植手术。

张某东羁押必要性审查案

张某东系某师范学院在读大学生,因涉嫌犯诈骗罪于2017年11月被检察机关批准逮捕。案发后,张某东的母亲对四名被害人进行了全额赔偿,并取得被害人的谅解。2018年3月,检察机关接到张某东家属的羁押必要性审查申请书后,及时启动羁押必要性审查。经审查认为,犯罪嫌疑人张某东犯罪时系在校生,且事出有因,案发前及案发后已对全部被害人进行赔偿并取得谅解,有悔罪表现,对其变更强制措施不致发生社会危险性,故建议对犯罪嫌疑人张某东变更强制措施为取保候审。张某东取保候审后遵守相关规定,随传随到,无脱逃等妨碍诉讼进行的情形。张某东案在提起公诉后,法院经审理,判处其有期徒刑三年,缓期四年执行。

专业解读

一个人涉嫌犯罪,被人民检察院批准逮捕后,关在看守所,是否会被"一捕了之""一押了之"呢?

答案是否定的,因为检察机关仍然会继续关注被逮捕的犯罪嫌疑人、被告人,看他们是否还需要继续羁押。如果他们没有企图逃跑、实施新的犯罪、毁灭或伪造证据、干扰证人作证或者串供等社会危险性,办案机关传唤或者开庭时,他们能够随传随到,就可以被变更强制措施为取保候审或监视居住。检察机关通过羁押必要性审查,认为不需要继续羁押犯罪嫌疑人、被告人的,会及时建议办案机关对其取保候审、监视居住或者释放,尽量减少对犯罪嫌疑人、被告人不必要的审前羁押。

羁押必要性审查是我国司法机关保障人权最直接、最有效的工作职责之一,既能贯彻无罪推定原则,符合国际公约关于对审前未决犯罪嫌疑人、被告人"保释为主、羁押为辅"的刑事诉讼惯例,维护在押人员的合法权益,同时也能减少看守所的羁押人数,防止看守所"人满为患",改善看守所的关押条件。

此外，对民营企业家、企业技术骨干等慎用羁押措施，在逮捕后通过羁押必要性审查对他们取保候审，使他们继续经营企业或者从事技术研发工作，有利于保护经济和社会的发展。检察机关依法进行羁押必要性审查，符合中央保障和促进民营经济健康发展的政策精神，更好地实现了政治效果、法律效果和社会效果的统一。

相关法律

《中华人民共和国刑事诉讼法》

第九十五条　犯罪嫌疑人、被告人被逮捕后，人民检察院仍应当对羁押的必要性进行审查。对不需要继续羁押的，应当建议予以释放或者变更强制措施。

22.死刑复核法律监督

检察职能

检察机关对死刑复核活动实行法律监督。最高人民法院的死刑复核活动,由最高人民检察院实行监督。

案例故事

李某某贩卖毒品案

李某某多次贩卖甲基苯丙胺(冰毒),共计1280克。被公安机关抓获后,李某某主动供述了在出租屋内还藏匿待贩卖的毒品2800余克的事实,并带领公安人员查获上述毒品。李某某被判处死刑立即执行,报请最高人民法院复核。

某省检察院认为该案不应适用死刑立即执行,提请最高人民检察院进行监督。最高人民检察院经审查认为,按照被告人贩卖毒品的累计数量可以判处死刑,但李某某到案后主动交代的公安机关并不掌握的其藏匿的2800余克毒品,是法院对其适用死刑的主要事实。对毒品犯罪案件适用死刑的原则是"数量加情节"。本案被告人的坦白行为,对于防止毒品流入社会造成现实危害起到了重要作用,该行为应予鼓励。因此,最高人民检察院提出了不核准死刑立即执行的意见,最高人民法院予以采纳。最高人民法院和最高人民检察院共同严格控制和慎重适用了死刑。

专业解读

我国法律规定，死刑立即执行判决必须由最高人民法院复核。在复核死刑案件过程中，最高人民检察院可以向最高人民法院提出意见。最高人民检察院对死刑复核案件负有法律监督职责，体现了国家对适用死刑是极其慎重和严格的，体现了对判处死刑的谨慎和对生命的尊重。"两高"共同对死刑判决进行把关，从而确保死刑适用依法、公正、准确。

最高人民检察院死刑复核监督主要监督死刑是否依法公正适用，主要有以下几种情形：其一，是否不应当判处死刑的人被判处了死刑；其二，是否应当判处死刑的人没有判处死刑；其三，适用死刑的程序是否符合法律规定；其四，不同地区适用死刑是否出现了较大差异。

相关法律

《中华人民共和国刑事诉讼法》

第二百五十一条第二款　在复核死刑案件过程中，最高人民检察院可以向最高人民法院提出意见。最高人民法院应当将死刑复核结果通报最高人民检察院。

《中华人民共和国人民检察院组织法》

第二十二条　最高人民检察院对最高人民法院的死刑复核活动实行监督；对报请核准追诉的案件进行审查，决定是否追诉。

23.监禁刑执行检察

检察职能

检察机关对监狱、看守所等执行机关对被判处拘役、有期徒刑、无期徒刑、死缓的罪犯的监管、教育改造等活动进行监督,防止和纠正违法减刑、假释、暂予监外执行等,确保刑罚执行的公平公正,促进提高罪犯教育改造质量。

案例故事

周某某被违法减刑案

罪犯周某某,因犯行贿罪、非法转让、倒卖土地使用权罪,被判处有期徒刑13年,并处罚金人民币2264余万元,追缴违法所得8958余万元。2015年1月和2016年1月,监狱先后两次向法院对罪犯周某某提出减刑建议。检察机关审查后认为,周某某罚金未履行,违法所得未追缴,有证据证明其有履行能力而不积极履行财产刑,说明其缺乏悔改表现,因此依法提出不予减刑的检察意见,得到法院采纳。后周某某全额缴纳了罚金,并被追缴违法所得。2016年10月,法院依法裁定减去周某某有期徒刑1年。

杨某监狱改造案

杨某,因犯抢劫罪被法院判处有期徒刑15年。其在监狱服刑期间,因两次脱逃分别被加刑两次。2011年12月,杨某被调入四川省自贡监狱服刑后,自贡市检察院驻狱检察室与监狱方面一起将其作为重点罪犯建立档案,重点进行教育改造:将杨某作为每月必谈对象,了解教育改造情况；与杨某父母主动联系，将其父母接来与杨某亲情会见，对其教育感化；建议监狱在杨某刑满释放前将其转入出监监狱加强技能学习，提高社会适应能力。在检察官和监狱干警的帮助下，杨某从一名危顽犯转变成为一名宽管犯，人生观、价值观、世界观得到极大改变，杨某成为一名守法公民。2015年6月，杨某刑满释放。2017年12月，杨某在上海市勇救落水女青年李某，挽救了李某生命。2018年5月，杨某被上海市政法委授予"上海市见义勇为先进"荣誉称号。

专业解读

如果把监狱比喻为教育改造罪犯的"工厂"，那么监狱检察官就像是"产品质量监督员"，监督监狱向社会输出"合格产品"。人民检察院依法通过监督监狱监禁刑的执行，督促监狱提升罪犯改造效果，将罪犯改造成为守法公民，防止罪犯刑满释放重新违法犯罪，继续危害社会。这是检察机关发挥检察职能作用，落实总体国家安全观特别是治本安全观的重要体现。

在监狱检察工作中，检察机关既要监督监狱的治标举措，包括监管不能违法、不能打骂虐待罪犯等，更要监督治本举措，监督监狱将罪犯改造成为守法公民。依照监狱法的规定，检察机关监督监狱将劳动、改造与教育结合，不让罪犯超时超体力劳动，给付罪犯合理的劳动报酬，监督监狱刑罚执行和监管执法的法律法规、规章制度是否落实、落实得怎么样等。

罪犯的减刑、假释、暂予监外执行一直是社会关注的热点，少数罪犯通过贿赂等不正当手段，违法获得减刑、假释、暂予监外执行，严重损害了司法公正和法律权威，也严重影响了监狱的教育改造效果。减刑、假释、暂予监外执行一直是检察机关监督的重点。检察机关对监狱、法院等的减刑、假释、暂予监外执行提请、裁决活动实行监督，预防和纠正违法减刑、假释、暂予监外执行，防止发生服刑罪犯在监狱"前门进、后门出""提钱出狱"等问题。对于拒不认罪服法、没有悔改表现的罪犯，依法监督不予以减刑、假释；对于监狱、法院已经提请、裁定减刑或假释的，依法予以纠正；对于徇私舞弊办理减刑、假释、暂予监外执行，构成犯罪的，依法予以查处。

相关法律

《中华人民共和国刑事诉讼法》

第二百六十六条　监狱、看守所提出暂予监外执行的书面意见的，应当将书面意见的副本抄送人民检察院。人民检察院可以向决定或者批准机关提出书面意见。

第二百七十三条第二款　被判处管制、拘役、有期徒刑或者无期徒刑的罪犯，在执行期间确有悔改或者立功表现，应当依法予以减刑、假释的时候，由执行机关提出建议书，报请人民法院审核裁定，并将建议书副本抄送人民检察院。人民检察院可以向人民法院提出书面意见。

第二百七十六条　人民检察院对执行机关执行刑罚的活动是否合法实行监督。如果发现有违法的情况，应当通知执行机关纠正。

《中华人民共和国监狱法》

第六条　人民检察院对监狱执行刑罚的活动是否合法，依法实行监督。

24.社区矫正检察

检察职能

检察机关对社区矫正机构教育矫正被判处管制、宣告缓刑、裁定假释、决定暂予监外执行罪犯的活动实行监督，确保社区矫正活动依法顺利进行，维护社区矫正活动的公平公正和社区服刑人员的合法权益。

案例故事

社区服刑人员周某某收监执行案

社区服刑人员周某某，2012年12月因犯组织、利用邪教组织破坏法律实施罪被法院判处有期徒刑三年，缓期三年执行。自2013年1月，周某某在当地社区矫正机构接受社区矫正。其后，周某某擅自脱离监管，不知所踪。检察机关检察发现后，向当地司法行政机关提出对周某某收监执行的检察建议，后法院裁定撤销周某某缓刑，决定收监执行，并由公安机关上网追逃。2018年2月，脱管近四年的社区服刑人员周某某迫于压力，主动自首，接受刑罚制裁。

社区服刑人员岁某某收监执行案

社区服刑人员岁某某，因犯重大责任事故罪被法院判处有期徒刑一年九个月，缓期二年执行。在社区矫正期间，岁某某于2017年2月因聚众赌博被公安机关行政拘留14日、罚款3000元。检察机关发现上述情况后，向当地司法局发出书面检察建议，建议司法局向法院提出撤销缓刑建议。法院于2017年7月下达了撤销缓刑收监执行的裁定。检察机关持续跟踪监督，岁某某被收监执行。

专业解读

社区矫正是一项重要的非监禁刑罚执行制度,是宽严相济刑事政策在刑罚执行方面的重要体现。我国社区矫正经历了2003年开始试点、2005年扩大试点、2009年全面试行和2014年全面推进四个阶段。

对社区矫正活动实行法律监督,是宪法和法律赋予检察机关的重要职责。检察机关加强和规范社区矫正法律监督,既是司法实践的客观需要,也是社区矫正法律制度建设的应有之义,对于健全我国刑罚执行制度,促进社区矫正活动依法、严格、文明、规范进行,保证刑罚执行公平公正,保护社区服刑人员的合法权益,提高社区矫正工作水平,化解社会矛盾,维护社会和谐稳定,具有重要意义。

社区矫正检察主要包括检察机关对法院、监狱、看守所交付执行活动的检察,社区矫正机构对社区服刑人员教育、监督、管理活动的检察,刑罚变更执行活动以及收监执行活动的检察等。其中,社区服刑人员脱管、漏管和收监执行一直是检察机关社区矫正检察工作所关注的重点。检察机关发现社区服刑人员存在符合收监执行情形的,可以向负责执行的司法行政机关提出检察建议,建议收监执行。在这两件收监执行案件中,周某某长时间脱管,岁某某因聚众赌博被行政拘留,均符合收监情形,检察机关在检察监督中发现问题,及时提出并得以纠正,保证了社区矫正活动的顺利执行。

相关法律

《中华人民共和国刑事诉讼法》

第二百七十六条 人民检察院对执行机关执行刑罚的活动是否合法实行监督。如果发现有违法的情况,应当通知执行机关纠正。

《人民检察院刑事诉讼规则(试行)》

第六百五十九条 人民检察院依法对社区矫正执法活动进行监督,发现有下列情形之一的,应当依法向社区矫正机构提出纠正意见:

……

人民检察院发现人民法院对依法应当撤销缓刑、假释的罪犯没有依法、及时作出撤销缓刑、假释裁定,对不符合暂予监外执行条件的罪犯通过贿赂等非法手段被暂予监外执行以及在暂予监外执行期间脱逃的罪犯的执行刑期计算错误,或者有权决定、批准暂予监外执行的机关对依法应当收监执行的罪犯没有及时依法作出收监执行决定的,应当依法提出纠正意见。

25.财产刑执行检察

检察职能

检察机关对法院执行罚金刑、没收财产刑以及执行生效判决、裁定中没收违法所得及其他涉案财产的活动实行监督，维护被执行人及其他有关人员的合法权益，保障刑事裁判中有财产刑部分的内容得以依法执行。

案例故事

某房地产公司财产刑执行监督案

某房地产开发有限公司在2004年至2008年期间，通过行贿，与某省农业厅工作人员恶意串通，违规转让面积为402.54亩的国有划拨土地，造成国家经济损失5.42亿元。2017年9月28日，法院以该房地产开发有限公司犯单位行贿罪，判处罚金1500万元，追缴其违法所得5.42亿元。该房地产开发有限公司不服提出上诉。2017年11月，法院作出终审裁定，维持原判。

该案由于涉及财产刑判项金额巨大，检察机关成立专班对该财产刑执行案开展全程同步监督。其间，检察机关将该房地产开发公司银行存款进行了冻结，但直至存款冻结到期日2017年12月28日法院尚未执行。检察机关于2018年1月向法院发出检察建议书，建议其积极履行财产刑执行职责，及时将该案相关财产刑判项执行到位。法院收到检察建议书后，立即作出执行裁定书，同时作出协助扣划存款通知书，对相关冻结款项予以扣划，将该房地产开发有限公司犯单位行贿罪被判处的罚金和应追缴的违法所得全部执行完毕并上缴国库。

专业解读

财产刑执行检察是刑罚执行监督的一个重要组成部分,这项职责对于检察机关而言是一项新的工作,经历了2015年开始试点、2016年在全国全面推开的过程。在实践中,检察机关利用查阅法律文书、找相关人员了解被执行人情况以及与法院沟通等方法,通过提出纠正意见和检察建议等方式,发挥法律监督职能。主要是对法院财产刑执行立案活动、延期收缴、减少或者免除财产刑、中止执行、终结执行财产刑等活动进行监督,同时还受理被执行人、被害人、利害关系人、案外人及其法定代理人、近亲属与财产刑执行相关的控告、举报和申诉。

在办理财产刑执行检察案件中,检察机关除了要依法运用法律赋予的手段外,还要灵活掌握方式方法,加强与法院等部门的沟通配合,实现双赢多赢共赢。本监督案件中,检察机关在督促法院执行财产刑基础上,与法院工作人员一起多次赴有关单位协调沟通,召开联席会议,确定执行主体,明确财产刑的办理期限、执行顺序、终结执行等程序,进一步核查生效判决中追缴违法所得5.42亿元、罚金1500万元两项执行金额与冻结款项无误,杜绝了在一些财产刑执行案件中执行主体混乱,互相推诿延宕的状况,保障了案件的顺利执行。

相关法律

《中华人民共和国刑事诉讼法》

第二百七十六条 人民检察院对执行机关执行刑罚的活动是否合法实行监督。如果发现有违法的情况,应当通知执行机关纠正。

《人民检察院刑事诉讼规则(试行)》

第六百五十八条 人民检察院依法对人民法院执行罚金刑、没收财产刑以及执行生效判决、裁定中没收违法所得及其他涉案财产的活动实行监督,发现人民法院有依法应当执行而不执行,执行不当,罚没的财物未及时上缴国库,或者执行活动中其他违法情形的,应当依法提出纠正意见。

26.强制医疗执行检察

检察职能

检察机关在法院对实施暴力行为的精神病人决定强制医疗后,依法监督法院、公安机关对这些精神病人的交付执行、强制医疗机构收治和解除强制医疗等活动,确保强制医疗得到依法执行,同时依法保护被强制医疗的人的合法权益。

案例故事

精神病人黄某强制医疗执行监督案

2018年2月,黄某因琐事与其母亲钱某发生口角,持刀刺伤钱某,致其伤重死亡。案发后,黄某被当场抓获。经司法鉴定机构鉴定,黄某患分裂性精神病,无刑事责任能力。经查,黄某有继续危害社会的可能,符合强制医疗条件。

2018年6月,检察机关依法向法院提出对黄某强制医疗的申请。2018年7月,法院对黄某作出强制医疗的决定。后在检察机关的监督下,黄某被依法送交政府指定的强制医疗机构接受强制医疗。

专业解读

"武疯子"的事检察院也管吗？答案是肯定的。

近年来，精神病人肇祸时有发生，有的精神病人杀人放火，严重危及社会治安和人民群众人身安全，成为当地社会治安的一大隐患，引发社会舆论关切。实施暴力行为危害公共安全或公民人身安全而又不具有刑事责任能力的精神病人，也就是人们俗称的"武疯子"。人民检察院对于符合强制医疗法定条件的这些精神病人，会依法向人民法院提出强制医疗的申请。在"武疯子"被法院决定强制医疗后，检察院会依法监督公安机关将其交付强制医疗机构执行，并负责监督强制医疗机构的收治和解除强制医疗等活动是否合法。

检察机关既能够提出强制医疗申请，也负责对强制医疗的执行情况进行监督。强制医疗检察监督的目的主要包括：一是严防有的精神正常的人"被精神病"，被错误强制医疗，合法权益受到侵犯；二是防止精神正常的人实施犯罪后被"假精神病"，防止他们假借"精神病"无刑事责任能力而逃避法律的制裁；三是防止已经被法院决定强制医疗的"武疯子"没有被公安机关依法送交强制医疗所或政府指定的精神病医院收治，继续流落社会，无人管理，也防止不符合解除条件的"武疯子"被解除强制医疗后重新流入社会，继续危害社会公共安全、公民人身安全，成为社会治安的一大隐患；四是保护被强制医疗人的合法权益，精神病人也是人，他们的生命权、健康权、人格尊严等权利也应当依法得到保护。

相关法律

《中华人民共和国刑事诉讼法》

第三百零二条　实施暴力行为，危害公共安全或者严重危害公民人身安全，经法定程序鉴定依法不负刑事责任的精神病人，有继续危害社会可能的，可以予以强制医疗。

第三百零七条　人民检察院对强制医疗的决定和执行实行监督。

27.监管执法活动检察

检察职能

检察机关依法对监狱、看守所等监管场所的羁押、监管、教育、改造等监管执法活动进行监督,保障监管执法活动依法开展,维护监管场所在押人员合法权益,维护国家法律统一正确实施。

案例故事

在押人员王某某死亡检察案

2016年5月31日,某看守所在押犯罪嫌疑人王某某因昏迷,被送到县人民医院抢救无效死亡。王某某时年42岁,于当年5月22日因涉嫌盗窃犯罪被刑事拘留。事发当日,检察机关迅速组成专案组,展开检察调查。经调查,王某某入所后有被同监室人员殴打情节,看守所存在管理制度不落实、民警责任心不强等问题。

王某某死亡案件发生后,检察机关异地管辖,对涉嫌玩忽职守罪的看守所民警王某、任某某立案侦查。王某、任某某经检察机关提起公诉后,被法院作出有罪判决。另外,经检察机关建议,有关部门依纪依法对看守所值班民警、分管领导、所长、公安局分管领导等作出了严肃处理。涉案的12名在押人员,经检察机关公诉后,均被法院判处刑罚。

专业解读

犯罪嫌疑人虽然因涉嫌犯罪，被限制人身自由而羁押在看守所，但其人格尊严、生命权、健康权等合法权益应依法受到保障。由于"犯人"的社会地位、社会评价较低和处于被羁押状态，其人格尊严、生命权、健康权等更容易被漠视和侵害。检察机关是法律监督机关，依法通过预防和打击看守所的"牢头狱霸"和监管民警体罚虐待在押人员等违法行为，防止看守所在押人员发生类似"躲猫猫死""洗澡死""做恶梦死""喝开水死"等非正常死亡事件。

预防和打击看守所、监狱内的"牢头狱霸"，维护在押人员的人身权、健康权等合法权益，是检察机关的重要职责。近年来，通过检察机关的日常检察、专项检察和联合其他政法部门的综合治理，有效遏制了看守所的"牢头狱霸"问题。

预防和打击看守所监管民警体罚虐待被监管人的违法犯罪行为，也是检察机关的重要职责。检察机关通过对监所日常巡视检察、与被监管人谈话、观看或回放监控录像、对监管民警进行警示教育等方式，预防民警的体罚虐待行为；发现民警对被监管人有体罚虐待行为的，依法提出纠正意见，或者建议予以纪律处分，对情节严重构成虐待被监管人犯罪的，依法立案侦查，追究其刑事责任。

相关法律

《中华人民共和国人民检察院组织法》

第二十条　人民检察院行使下列职权：

……

（七）对监狱、看守所的执法活动实行法律监督；……

《人民检察院刑事诉讼规则（试行）》

第六百二十九条第一款　人民检察院依法对看守所收押、监管、释放犯罪嫌疑人、被告人以及对留所服刑罪犯执行刑罚等执法活动实行监督。

28.巡回检察

检察职能

检察机关组成若干个巡回检察组,灵活采用常规检察、专门检察、机动检察和交叉检察等多种方式,对监狱、看守所执行法律规定、刑罚执行、羁押和办案期限等活动进行法律监督。

案例故事

监管干警靳某徇私枉法案

检察机关对某监狱巡回检察时发现,该监狱三监区服刑人员刘某殴打同监区服刑人员胡某,导致胡某右腿腓骨骨折,伤情为轻伤二级,刘某的行为已涉嫌犯罪。但该监区干警靳某不但不按规定向监狱报告,还应刘某的请求从中进行调解,让刘某取得胡某的谅解,对刘某仅做扣减20分考核计分处理。巡回检察组认为刘某殴打胡某致其右腿腓骨骨折,其行为已构成犯罪,遂向该监狱发出立案通知书,并及时监督监狱对刘某立案侦查。同时,巡回检察组认为靳某的行为涉嫌徇私枉法,并按照有关规定依法监督处理。

在押人员监室吸毒案

检察机关在对某监狱开展巡回检察时,通过与监狱服刑人员谈话发现了当地某看守所在押人员在监室内吸毒的线索。检察机关对该看守所进行突击巡回检察,通过抽查尿检、查看监控、谈话询问、调阅资料等方式,核实了6名在押人员在监室内吸毒的事实,依法发出检察建议督促整改,并要求该省公安厅对全省看守所进行专项检查整改,彻查线索,切断毒源,并对有关责任人员立案调查。

📑 专业解读

为什么要实行巡回检察？因为派驻监狱检察室检察人员长期派驻在一个监狱，时间长了容易同化，不容易发现问题。巡回检察能够克服检察机关传统的对监狱派驻检察工作方式产生的检察人员被"同化"，碍于情面，不敢监督，不愿监督，监督流于形式，缺乏监督实效等弊端。同时，"滚动的石头不长青苔"，实行巡回检察，可以有效防止监督的权力"长青苔"，彻底斩断检察人员长期派驻容易产生的利益关联、人情关联等，确保监督的针对性和实效性。实施巡回检察，就是顺应人民群众的新需求，落实治本安全观，努力提供更实更优的检察产品，做好司法供给侧结构性改革，通过强化法律监督，监督监狱落实《监狱法》等法律规定，科学、有效改造罪犯，把罪犯改造成为守法公民，进而降低罪犯刑满出狱后的重新犯罪率，这是巡回检察工作的根本。

根据巡回检察工作需要，检察机关可以借助"外脑"，邀请司法行政、安全生产监督管理、审计等具有专门知识的人参加巡回检察。巡回检察可以采取常规、专门、机动或者交叉巡回检察等方式。针对监狱刑罚执行、狱政管理、教育改造执法活动，开展常规巡回检察。对同一个监狱开展常规巡回检察，巡回检察组主办检察官应当轮换，成员可以随机组成。针对监狱发生罪犯非正常死亡、脱逃或者突发公共卫生事件等重大事故，开展专门巡回检察。针对日常监狱检察工作中发现的问题、线索和常规巡回检察发现问题的整改落实情况，开展机动巡回检察。

巡回检察主要是依据《监狱法》等法律规定，监督监狱改造罪犯成为守法公民的工作制度的落实。巡回检察不仅要监督治标举措，包括监管不能违法、不能打骂罪犯等，更要监督治本举措，即如何改造罪犯。另外，巡回检察也要对派驻监狱检察室检察人员的工作情况进行检察，督促派驻检察室检察人员把日常派驻工作职责履行好，把巡回检察与日常监督、同步监督有机结合起来，充分发挥"巡"的优势和"驻"的便利，进一步提升监督实效。

📖 相关法律

《中华人民共和国人民检察院组织法》

第十七条第一款 人民检察院根据检察工作需要，可以在监狱、看守所等场所设立检察室，行使派出它的人民检察院的部分职权，也可以对上述场所进行巡回检察。

29.派驻检察

> **检察职能**
>
> 检察机关通过在监狱、看守所等监管场所设立检察室,对监狱、看守所等监管场所的执法活动和刑事判决、裁定执行活动进行监督,确保法律法规在刑罚执行活动中正确实施,维护罪犯合法权益,维护监狱监管秩序稳定,保障惩罚与改造罪犯工作的顺利进行。

案例故事

在押人员杨某某非正常死亡监督案

2018年2月,检察机关派驻某监狱检察室接监狱电话报告,该监狱四监区罪犯杨某某上吊自杀,经抢救无效死亡。

在事故调查过程中,派驻检察人员发现该监狱存在监管安全管理制度执行不力,监狱民警安全防范意识不强等问题。经查实,杨某某系死缓罪犯,有四次服刑前科,入狱时间短,思想隐蔽深,在其私人信件及亲情通话中流露出对妻儿的愧疚之意。对此类罪犯本应加强防控,但民警安全防范意识较弱,未将其列入危险罪犯进行包夹包控。

对此,检察机关于2018年3月向该监狱发出书面检察建议,建议监狱严格执行各项制度,加大落实检查力度;增强民警安全防范意识,进一步增强民警管理、狱侦等综合能力培养,建立有效的防控体系;加大对监狱的安全隐患排查,尽早发现,及时整改,避免类似事故再次发生;加大对危险罪犯、重点人头的排查、甄别工作力度,教育谈话工作谈深、谈细,并对监狱民警存在的履职不当进行调查、处理。该监狱收到检察建议后,修订完善了监狱管理的相关规定,主动加强了监管安全制度的落实检查,细化了罪犯板块移动管理工作,对确定的危险犯、重点人头落实包夹管理措施，并对分控中心视频重点监控模块进行分组，实现不同时间段对不同重点部位的监控，对民警清监排查工作采取立体交叉检查和量化考核相结合的方式，从根本上预防民警检查不认真的情况。同时，加强对罪犯的教育疏导，通过开展心理测试分析，掌握罪犯心理健康状况。

该案办结后，派驻检察人员认真总结行之有效的做法，促使该监狱形成了预防在押人员非正常死亡长效机制，成功阻止了3起罪犯自杀事件，将事故解决在萌芽状态。

专业解读

您可能经常会在影视节目中看到在监狱、看守所的牌子旁边，往往还挂着××检察院驻××监狱（看守所）检察室的牌子，其实这就是检察院对监管场所的派驻检察方式，即设立派驻检察室，对监狱、看守所等执行机关的执法活动进行监督。派驻检察室是检察院对监狱、看守所进行监督的最基层、最一线的工作机构。派驻检察是检察机关对监狱、看守所等监管场所最直接的监督，主要负责与监管场所日常联系、对接开展巡回检察工作有关事项，监督巡回整改措施的落实情况等。派驻监狱检察人员还要检察罪犯计分考核、立功奖惩等情况，列席减刑、假释、暂予监外执行评审会，列席监狱狱情分析会和其他工作会议，可以根据情况办理"减假暂"监督和处理罪犯举报、控告、申诉等案件。

另外，您还可能在有的监狱附近看到××市城郊（或某地名）地区检察院的牌子，这就是在监狱等监管场所集中地区或者大型监狱设置的一种特殊检察院——刑事执行检察派出检察院，这样的检察院全国有92个，负责对监狱、看守所执法活动和刑事判决、裁定执行活动进行监督。

相关法律

《中华人民共和国人民检察院组织法》

第十七条第一款　人民检察院根据检察工作需要，可以在监狱、看守所等场所设立检察室，行使派出它的人民检察院的部分职权，也可以对上述场所进行巡回检察。

民事检察

30.民事生效裁判监督（抗诉）

检察职能

检察机关独立行使检察权，通过抗诉、检察建议等方式，对民事诉讼活动实行法律监督，维护司法公正和司法权威，维护国家利益和社会公共利益，维护公民、法人和其他组织的合法权益，保障国家法律统一正确实施。

案例故事

黄某成与毛某娟、毛某辉股权纠纷案

2005年8月，黄某成、毛某娟、毛某辉分别出资127.4万元、50万元、29万元，共206.4万元，拟进行项目开发。黄某成以该资金与他人共同竞拍某小区的国有土地使用权，又以自己的名义承包该地。三人随后设立房地产开发有限公司，股东会议纪要、公司章程、验资证明、公司登记均确认三人共同出资800万元，其中黄某成600万元，占75%；毛某娟、毛某辉各100万元，各占12.5%。此后，该房地产开发有限公司从县国土资源局受让该地。后黄某成主张毛某娟、毛某辉不是房地产开发有限公司真正的股东，不应享有股东权利，三人发生争议。2012年6月，毛某娟、毛某辉起诉黄某成和房地产开发有限公司，请求确认二人分别持有公司及其名下开发项目的股权份额。法院于2013年4月作出一审判决，认为虽然毛某娟、毛某辉曾从公司领取了资金及房产，但并不表示其已丧失在公司的股权份额，确认毛某娟、毛某辉各自拥有12.5%的股权。法院二审维持原判。黄某成申请再审，请求判令其享有某房地产公司100%的股权。法院于2015年1月

作出再审判决，认为毛某娟、毛某辉没有以现金出资，应按其在竞买土地使用权时的出资作为实际出资，二人出资50万元和29万元，分别占房地产公司注册资金800万元的6.25%和3.625%，确认二人持股份额分别为6.25%、3.625%。

毛某娟、毛某辉不服，向检察机关申请监督。最高人民检察院经审查认为，再审判决混淆了购买土地出资与设立公司出资两个不同的概念，按二人购买土地中的实际出资额确认公司股权适用法律错误，遂向最高人民法院提出抗诉。最高人民法院于2018年6月作出终审判决，采纳了检察机关的抗诉意见，认为再审判决仅以实际出资比例确定股权份额适用法律错误，对再审判决予以撤销，维持二审判决，即毛某娟、毛某辉各自拥有房地产公司12.5%的股权。

专业解读

25%的股权变成不到10%，两位投资人深感不公，可这已经是省高级人民法院的再审判决了，官司打到这一步，投资人还有救济途径吗？

有，人民检察院有权对民事诉讼实行法律监督！依据《民事诉讼法》，在三种情形下当事人可以向人民检察院申请检察建议或者抗诉。依据《民事诉讼法》以及《人民检察院民事诉讼监督规则（试行）》的相关规定，人民检察院可以向人民法院提出再审检察建议或者抗诉的情形共13种，其中之一为"原判决、裁定适用法律确有错误的"。

本案中，最高人民检察院经审查认为，法院再审判决适用法律错误。据此，最高人民检察院向最高人民法院提出抗诉，并得到了最高人民法院的认可。检察机关通过独立行使民事诉讼监督职权，不但有力地维护了民事主体的合法权益，诠释了"努力让人民群众在每一个司法案件中感受到公平正义"的真正含义，更有力地保障了国家法律统一正确实施，维护了司法公正和司法权威，维护了诚实守信的社会风气！

相关法律

《中华人民共和国民事诉讼法》

第十四条　人民检察院有权对民事诉讼实行法律监督。

第二百零八条第一款　最高人民检察院对各级人民法院已经发生法律效力的判决、裁定，上级人民检察院对下级人民法院已经发生法律效力的判决、裁定，发现有本法第二百条规定情形之一的，或者发现调解书损害国家利益、社会公共利益的，应当提出抗诉。

第二百零九条第一款　有下列情形之一的，当事人可以向人民检察院申请检察建议或者抗诉：

（一）人民法院驳回再审申请的；

（二）人民法院逾期未对再审申请作出裁定的；

（三）再审判决、裁定有明显错误的。

31. 民事生效裁判监督
（不支持监督申请）

检察职能

检察机关认为当事人提出的民事裁判监督申请不符合法定抗诉条件，应当依法作出不支持监督申请决定，并做好服判息诉工作，实现案结事了，维护司法权威和社会稳定。检察机关因履行法律监督职责提出检察建议或者抗诉的需要，可以向当事人或者案外人调查核实有关情况。

案例故事

翟某才民间借贷担保纠纷申请监督案

张某和翟某才系同事关系。2014年5月，刘某云向张某出具借条，翟某才在上面签字，内容为："今借张某现金肆万元整（￥40000元正），借款期限一个月。借款人：刘某云2014.5.31。我相信刘总的能力、人品和友情，故敢于担保。翟某才31/5。"借款到期后，刘某云未能按照约定偿还借款。张某多次与翟某才电话联系，并于2014年12月到翟某才家催要借款未果。2015年6月，张某将刘某云、翟某才诉至法院，请求判令二被告连带偿还借款4万元。因刘某云涉嫌刑事犯罪被羁押，在诉讼中张某撤回对刘某云的起诉。

经审理，法院一审认为翟某才在借条上签字愿意作为保证人，保证期限未届满，判令翟某才承担保证责任。二审法院维持一审判决。翟某才向法院申请再审被驳回后申请检察监督。

为查清案件事实，检察机关依法行使了调查核实权，调查核实本案关键证人。检察机关经审查，认为案件事实清楚，适用法律正确，依法作出不支持监督申请的决定。办案过程中，检察机关多次与申请人的代理人沟通，会见申请人。申请人翟某才最终接受检察机关作出的决定，并表示息诉服判，不再信访。

专业解读

检察监督不仅要对错误的生效裁判提出抗诉或再审检察建议，维护司法公正，还要对不符合法定监督的申请，在查清案件事实的基础上，多做沟通交流，多做耐心细致解释工作，做到案结事了，维护法院生效裁判的既判力，维护社会稳定，促进和谐社会，也是检察机关作为法律监督机关责无旁贷的职责所系。

本案中，为查清案件事实，本着对证据负责，对事实负责，对当事人负责，进一步加强内心确信的原则，检察机关依法行使了调查核实权，到监狱会见关键证人刘某云，对其调查询问，进一步核实案件事实。

本案经审查不符合抗诉条件，但检察机关并不是简单地作出不支持监督申请决定了事，而是多次与申请人的代理人沟通，又专门会见申请人，结合本案事实与相关法律规定，有的放矢地做好耐心细致的释法说理工作，最终使申请人理解检察机关的决定和法院判决，表示服判息诉。检察机关在核实清楚案件事实的基础上，依法作出不支持监督申请的决定并耐心细致地释法说理，既维护了法院生效裁判的既判力，又消除了当事人对司法的不信任，使其息诉服判，有效维护了司法公信力和社会和谐稳定。

相关法律

《中华人民共和国民事诉讼法》

第二百零九条第二款 人民检察院对当事人的申请应当在三个月内进行审查，作出提出或者不予提出检察建议或者抗诉的决定。当事人不得再次向人民检察院申请检察建议或抗诉。

《人民检察院民事诉讼监督规则（试行）》

第五十条 人民检察院审查案件，应当听取当事人意见，必要时可以听证或者调查核实有关情况。

第九十三条 人民检察院认为当事人的监督申请不符合抗诉条件的，应当作出不支持监督申请的决定，并在决定之日起十五日内制作《不支持监督申请决定书》，发送当事人。下级人民检察院提请抗诉的案件，上级人民检察院可以委托提请抗诉的人民检察院将《不支持监督申请决定书》发送当事人。

32.民事生效裁判监督
（再审检察建议）

检察职能

检察机关对于法院的生效民事判决、裁定和调解书，认为符合法定的监督情形，通过再审检察建议或（提请）抗诉的法定形式，监督法院民事诉讼活动。

案例故事

唐某刚机动车交通事故责任纠纷案

2002年10月，唐某刚将其所有的轿车转让并交付给焦某明，2009年6月，该车经数次连环转让后转让并交付给黄某富，数次转让都未在车辆管理部门办理机动车过户手续。2009年11月，黄某富驾驶该车与一辆摩托车发生碰撞，致摩托车搭载的崔某宏重伤。2009年12月，公安机关作出责任认定，黄某富承担事故的全部责任。

崔某宏将黄某富、唐某刚诉至法院。法院判决：唐某刚、黄某富赔付崔某宏交通事故赔偿款9.6万余元；黄某富另行赔付崔某宏2.6万余元。唐某刚不服，向法院申请再审。法院于2016年2月裁定驳回唐某刚的再审申请。唐某刚不服，向检察机关申请检察监督。检察机关审查此案过程中，调取了新证据。

检察机关经审查认为，以上新证据足以证实本案肇事车辆经过多次买卖，至交通事故发生时，该车的实际所有人和控制人系黄某富。该车虽未办理过户手续，但车辆系动产，动产物权的设立和转让自交付时发生效力，风险也随之转移。法院判决唐某刚与黄某富承担对崔某宏的交通事故的人身损害赔偿责任，明显错误。检察机关向法院提出再审检察建议。法院采纳了检察建议，于2017年11月作出再审判决，撤销原民事判决，改判由原审被告黄某富给付崔某宏交通事故赔偿款12万余元。

专业解读

《宪法》规定人民检察院是法律监督机关。检察机关法律监督权具体落实到民事诉讼领域即为民事诉讼监督权，监督对象为民事诉讼活动。民事检察监督主要是对人民法院审判权的监督，需要把握正确处理权力监督与权利救济的关系，坚持客观、中立、公正的立场，遵循有限监督、事后监督、审判救济优先、当事人意思自治和平等原则。

检察机关对生效裁判行使监督权的法定形式包括抗诉和再审检察建议。其中，再审检察建议系由人民检察院针对同级人民法院已经发生法律效力的判决、裁定提出。为保证再审检察建议在实践中的充分运用，《人民检察院民事诉讼监督规则（试行）》进一步区分了抗诉和再审检察建议的适用情形，再审检察建议的适用情形主要涉及案件事实的认定问题。

本案原判决让唐某刚与黄某富共同承担近10万元的债务，这对一个普通百姓来说影响较大。唐某刚是否应对崔某宏的损失承担法律责任？这需要调查核实清楚。民事诉讼检察监督权兼具监督与救济的功能，检察机关受理审查此案，运用法律赋予的调查核实权，依法调取了4份新证据，查明了案件事实，最终通过再审检察建议启动了该案的再审程序，让唐某刚有机会在再审法庭上充分表达意见，也让人民法院再次审理此案。最终人民法院改判唐某刚不承担责任，发挥了检察机关民事诉讼监督"民事司法最后一道屏障"的作用，取得了较好的法律效果和社会效果。

相关法律

《中华人民共和国民事诉讼法》

第二百零八条第二款 地方各级人民检察院对同级人民法院已经发生法律效力的判决、裁定，发现有本法第二百条规定情形之一的，或者发现调解书损害国家利益、社会公共利益的，可以向同级人民法院提出检察建议，并报上级人民检察院备案；也可以提请上级人民检察院向同级人民法院提出抗诉。

33.民事虚假诉讼监督

检察职能

检察机关对当事人捏造事实提起民事诉讼,妨害司法秩序或者严重侵害他人合法权益的行为,应当依法向人民法院提出抗诉或检察建议,监督纠正相关错误生效判决、裁定、调解书等,并协同有关机关依法追究行为人的法律责任。

案例故事

虚假官司套取公积金案

2018年5月,检察机关发现,某法院有上百起以住房公积金为执行标的的调解案件。检察机关认为,国家对住房公积金的管理使用有专门规定,出现财产纠纷时,住房公积金作为公民个人财产,法院可以对被执行人住房公积金账户内的存储余额强制执行。但集中出现大批量的住房公积金的调解案件并不正常,其中会不会有"猫腻"?

检察机关调查发现,这些案件均具有约定管辖、当天立案当天结案、证据只有借款凭证无转账证明、民间借贷未主张利息等特点。经进一步调查发现,某铁路局工人郭某勇,为帮助他人套取公积金并从中牟利,发布能够提取公积金的广告,多人看到广告后与其联系。郭某勇以自己及亲属的名义,虚构债权向法院起诉,由法院出具调解书,再用调解书执行对方当事人住房公积金。截至2018年4月,郭某勇等人先后为128人套取公积金620万余元,本人获利40万余元。

检察机关审查认为,郭某勇为达到违法套取公积金的目的,与他人恶意串通,虚构借款事实,伪造证据,致使法院作出错误的民事调解书并执行,其行为不仅妨碍民事诉讼活动的正常秩序,浪费司法资源,违背诚实信用和公序良俗,损害司法权威和司法公信力,还严重破坏了住房公积金管理秩序,损害了国家利益和社会公共利益,遂向法院发出检察建议,建议撤销郭某勇等人涉嫌虚假诉讼的128份民事调解书。法院采纳了检察机关的意见。同时,该案所涉虚假诉讼刑事犯罪经有关机关侦办后,移送检察机关审查起诉。

专业解读

　　检察机关对虚假的民事诉讼进行监督,是由检察机关作为国家法律监督机关的宪法定位决定的,也符合民事诉讼法的相关规定。检察机关开展对虚假诉讼的监督,既能充分发挥其通过受理控告、申诉、举报和履行诉讼监督职能等途径精准发现和查证虚假诉讼线索的职能优势,又有利于排除审判机关内部监督制约的阻力,形成内外监督的合力,确保更加客观公正、及时有效地纠正错误裁判结果和审判执行活动中的违法情形。同时,检察机关还可以通过将相关违纪违法线索移送有关机关依法追究责任或者进行失信惩戒,依法批捕、起诉虚假诉讼刑事案件,依法向有关单位提出改进工作、防范虚假诉讼的检察建议等方式,整合各方资源和力量,共同打好惩治和预防虚假诉讼的"组合拳"。

　　从检察机关监督办案的情况看,当前民间借贷纠纷是虚假诉讼的一个重灾区。因为国家和地方政府在相关领域加强了管理,比如限制房屋买卖、车辆买卖落户,遂出现了通过法院裁判"以房抵债""以车抵债"来实现落户目的的虚假诉讼。另外,虚假诉讼还更多涉及离婚、保险理赔等领域。虚假诉讼既损害相关涉案人甚至案外人的利益,同时也侵犯了司法权威,破坏了司法秩序,危害非常大。检察机关就是要积极发挥法律监督职能,会同法院和有关部门,一起来治理这不该有的社会现象,切实维护司法权威,维护和谐的社会法治环境。

相关法律

《中华人民共和国民事诉讼法》

第二百零八条 最高人民检察院对各级人民法院已经发生法律效力的判决、裁定,上级人民检察院对下级人民法院已经发生法律效力的判决、裁定,发现有本法第二百条规定情形之一的,或者发现调解书损害国家利益、社会公共利益的,应当提出抗诉。

地方各级人民检察院对同级人民法院已经发生法律效力的判决、裁定,发现有本法第二百条规定情形之一的,或者发现调解书损害国家利益、社会公共利益的,可以向同级人民法院提出检察建议,并报上级人民检察院备案;也可以提请上级人民检察院向同级人民法院提出抗诉。

各级人民检察院对审判监督程序以外的其他审判程序中审判人员的违法行为,有权向同级人民法院提出检察建议。

34. 民事执行监督

检察职能

检察机关认为法院作出的民事执行裁定、决定或执行行为等确有错误或存在不履行、怠于履行执行职责情形的，向法院提出监督意见，督促法院依法执行。

案例故事

以执代审认定侵权案

2010年7月，潘某云、潘某翔与某医用器具公司因专利侵权纠纷诉至法院。一审判决后，双方当事人均不服，提起上诉。2012年11月，双方在二审法院主持下达成调解协议，调解协议第四、第五项约定，若医用器具公司生产或注册以潘某云、潘某翔等人的专利技术为基础的产品，则需要分别支付给二人800万元违约金。其后，医用器具公司取得《医疗器械注册证》，潘某云、潘某翔以医用器具公司违反调解协议为由，分别向法院申请强制执行调解协议第四、第五项违约赔偿。法院裁定支持潘某云、潘某翔执行申请。2016年1月，两个执行标的为800万元的案件均进入实际执行阶段。医用器具公司的厂房及机械设备被查封，企业被迫全线停产，员工失业，银行停止发放贷款，公司背负较重的经济负担。无奈之下，医用器具公司向检察机关申请执行监督。

本案争议焦点在于某医用器具公司新取得医疗器械注册证的行为是否违反了调解协议第四、第五项，核心在产品是否是以诉争的专利技术为基础，是否侵害了专利权。检察机关审查后认为，调解书中第四、第五项所确定的赔偿义务，是以医用器具公司存在注册、生产、销售诉争专利产品的侵权行为为前提的违约赔偿，认定这一事实，需要对医用器具公司取得注册证的产品是否存在侵权行为、侵权行为是否构成违约等进行判断，这属于实体权利义务争议，应通过审判程序解决，不能通过执行程序认定。检察机关向法院发出撤销原执行复议裁定的检察建议。2018年4月，法院采纳检察建议，裁定撤销原执行复议裁定，驳回潘某云等人的强制执行申请。

专业解读

根据民事诉讼法规定，人民检察院有权对人民法院的民事执行活动实行法律监督。人民法院的执行活动包括执行审查行为和执行实施行为，前者如决定是否采取强制执行措施，审查和处理执行异议、复议、申诉，执行管辖的移转，变更、追加被执行人等；后者如对财产的调查、控制、处分和交付以及罚款、拘留措施等。

根据审执分离原则，法院审判部门负责对当事人争议的实体权利义务作出裁判，执行部门负责对生效裁判及其他法律文书确定的内容的执行，若一方当事人不履行生效法律文书确定的义务，另一方当事人可向法院申请强制执行。法院在执行程序中对涉及到当事人实体权利义务的争议直接作出裁定，属于以执代审，违反了审判、执行相分离的原则，检察机关有权对其监督。

本案中，医疗器具公司因强制执行导致厂房及机械设备被查封，企业被迫全线停产，员工失业，产生了较大的社会影响。检察机关依法介入，对法院的民事执行活动进行监督，促使法院撤销了强制执行裁定，这既让一个濒临破产的民营企业重新走上正常经营的轨道，维护了企业及其员工的合法权益，又维护了司法秩序和司法公信力，取得了很好的监督效果。

📖 相关法律

《中华人民共和国民事诉讼法》

第二百三十五条　人民检察院有权对民事执行活动实行法律监督。

《人民检察院民事诉讼监督规则（试行）》

第一百零二条　人民检察院对人民法院在民事执行活动中违反法律规定的情形实行法律监督。

《最高人民法院、最高人民检察院关于民事执行活动法律监督若干问题的规定》

第三条　人民检察院对人民法院执行生效民事判决、裁定、调解书、支付令、仲裁裁决以及公证债权文书等法律文书的活动实施法律监督。

35.民事审判程序违法监督

检察职能

检察机关依法对法院民事审判程序中审判人员违法行为进行监督。

案例故事

丁氏父子"案中案"

某区人民法院审理了一起民间借贷纠纷案件：出借人杨某依据借款人朱某所打的借条，请求法院判令朱某及其丈夫芮某偿还借款及利息。在案件审理过程中，杨某与被告之一朱某自行和解，此案承办法官丁某作出民事调解书，对双方和解内容予以确认后调解结案。

此案从表面上看，是一起普通民间借贷纠纷。但检察机关发现此案存在多处审判程序违法情形：承办法官丁某为原告杨某之子，属于审判人员依法应当回避而未回避的情形；此案未经开庭审理而在调解书中却写明经开庭审理；未经合议庭评议而伪造合议庭评议笔录；被告芮某没有参与当事人双方的自行和解等。

由于该案在审理过程中存在诸多审判程序违法情形，检察机关高度重视，展开全面深入调查，从中发现了该民间借贷纠纷调解背后隐藏的"案中案"：该法院副院长丁某作（系承办法官丁某的父亲）涉嫌滥用职权罪、受贿罪一案。此前，长城公司就芮某的债务向区法院申请支付令，要求其支付贷款本息共计43万余元。丁某作作为案件承办人，于同月出具了支付令。长城公司向法院申请执行该支付令，丁某作承办该执行案件。在办案期间，芮某为逃避债务，与丁某作合谋，承诺给丁某作10万元好处费，以达到法院不再执行芮某财产的非法目的。丁某作在明知芮某有财产可供执行的情况下，到长城公司进行协调，谎称芮某已离婚、下岗，无财产可供执行。长城公司在此情况下，同意法院裁定终结执行，并正式核销了该笔债权，致使国有财产遭受重大损失。丁某作为取得芮某许诺的10万元好处费，要求芮某之妻朱某出具借条，将上述好处费纳入债权。为掩人耳目，丁某作要求朱某将借条打给其妻子杨某。其后，丁某作以妻子杨某的名义提起了前述民间借贷纠纷之诉。

检察机关依法对有关民事诉讼案件提出再审检察建议，对相关人员违法犯罪问题移送有关机关查处。

专业解读

本案中，检察机关以审判程序违法监督为突破口，深挖出了审判人员涉嫌受贿、滥用职权等职务犯罪线索。在案件办理中，检察官通过认真查阅原审卷宗、听取当事人陈述等，从审判人员违反回避规定、伪造相关法律文书等表面上的程序违法入手，收集固定证据，深入调查，最终发现了法官丁某与其父亲丁某作利用自身职务影响力在前后不同的诉讼案件进程中相互关照、里应外合谋取利益的职务犯罪案件及严重违法违纪线索，从程序到实体全面进行了监督。

审判活动是维护社会公平正义的一道重要防线，审判活动违法对司法权威和司法公信力造成严重破坏。检察机关作为国家法律监督机关，对审判活动中存在的违法行为进行监督，是其全面履行法律监督职能的应有之义。此案的监督充分展示了检察机关对民事案件审判程序违法监督的价值和功能，不仅保护了当事人的合法权益，同时维护了司法权威与司法公信力。

相关法律

《中华人民共和国民事诉讼法》

第二百零八条第三款　各级人民检察院对审判监督程序以外的其他审判程序中审判人员的违法行为，有权向同级人民法院提出检察建议。

《人民检察院民事诉讼监督规则（试行）》

第九十九条　人民检察院发现同级人民法院民事审判程序中有下列情形之一的，应当向同级人民法院提出检察建议：

（一）判决、裁定确有错误，但不适用再审程序纠正的；

（二）调解违反自愿原则或者调解协议的内容违反法律的；

（三）符合法律规定的起诉和受理条件，应当立案而不立案的；

（四）审理案件适用审判程序错误的；

（五）保全和先予执行违反法律规定的；

（六）支付令违反法律规定的；

（七）诉讼中止或者诉讼终结违反法律规定的；

（八）违反法定审理期限的；

（九）对当事人采取罚款、拘留等妨害民事诉讼的强制措施违反法律规定的；

（十）违反法律规定送达的；

（十一）审判人员接受当事人及其委托代理人请客送礼或者违反规定会见当事人及其委托代理人的；

（十二）审判人员实施或者指使、支持、授意他人实施妨害民事诉讼行为，尚未构成犯罪的；

（十三）其他违反法律规定的情形。

行政检察

36. 行政生效裁判监督（抗诉）

> **检察职能**
>
> 检察机关对人民法院已经发生法律效力的行政判决、裁定，发现有《行政诉讼法》第九十一条规定的情形之一的，或者发现调解书损害国家利益、社会公共利益的，向人民法院提出抗诉，启动审判监督程序。

案例故事

工伤认定行政诉讼不予受理监督案

2013年5月，某公司承建某工程建设项目。项目经过两轮分包，不具备施工资质的张某承接了其中部分劳务。2013年7月29日，张某招用的某工人在前往该项目工地途中发生交通事故，经抢救无效于2013年8月22日死亡。2015年3月，该工人的妻子申请工伤认定，人社局以该工人与公司不存在劳动关系、且提交工伤认定申请已超过一年时限为由不予受理。死者妻子不服提起行政诉讼。法院一、二审均认为人社局的决定和理由符合法律规定。死者妻子向法院申请再审被驳回后，向检察机关提出监督申请。

检察机关审查查明：2013年8月27日死者亲属向劳动人事争议仲裁委员会提出仲裁申请，2013年10月9日，仲裁委员会作出裁决书。2013年10月28日，该案进入民事诉讼，2014年5月20日法院送达生效判决。检察机关认为，2013年8月27日至2014年5月20日期间属于劳动仲裁和民事诉讼耽误的时间，不应计算在工伤认定申请期限内，申请未超出1年时限。根据相关规定该建设工程属非法分包，应由具备用工主体资格的承包单位承担"用人单位"应承担的工伤保险责任，与是否存在劳动关系无关。检察机关向法院提出抗诉。2018年7月，法院全部采纳了检察机关抗诉意见，依法予以改判。

专业解读

行政抗诉是人民检察院对人民法院行政裁判结果进行监督的一种重要方式。监督的对象包括人民法院生效的判决、裁定和损害国家利益、社会公共利益的调解书。

最高人民检察院可以对各级人民法院生效判决和裁定提出抗诉。上级人民检察院可以对下级人民法院生效判决和裁定提出抗诉。地方人民检察院发现同级人民法院生效判决和裁定确有错误的，可以提请上级人民检察院抗诉。当事人向人民检察院申请对裁判结果进行监督要求案件经过人民法院再审。

人民检察院向人民法院提出抗诉后，人民法院应当启动再审程序，重新审理案件。行政抗诉能有效督促人民法院纠正确有错误的生效判决、裁定和调解书，保证法律的统一正确实施，维护当事人合法权益，促进行政机关依法行政。

相关法律

《中华人民共和国行政诉讼法》

第九十三条第一款 最高人民检察院对各级人民法院已经发生法律效力的判决、裁定，上级人民检察院对下级人民法院已经发生法律效力的判决、裁定，发现有本法第九十一条规定情形之一，或者发现调解书损害国家利益、社会公共利益的，应当提出抗诉。

37. 行政生效裁判监督
（不支持监督申请）

检察职能

检察机关经审查，认为当事人对人民法院生效的行政判决、裁定、调解书，行政审判活动、行政执行活动的监督申请，不符合监督条件的，依法作出不支持监督申请决定，并会同相关部门做好释法说理和服判息诉等工作。

案例故事

县政府强制拆迁行政诉讼监督案

某镇政府根据县政府的部署，在某新村项目建设完成后，两次发出公告，要求村民及时搬迁。2014年12月，县拆迁办发出通知，要求未搬迁的村民在12月完成搬迁工作。2014年12月31日，县政府组织对未搬迁的35户村民的房屋进行强制拆迁。孙某等78人向法院提起行政诉讼，请求：第一，确认县政府对宅基地房屋强制拆迁行为违法；第二，判令县政府在宅基地范围内另行安置两处宅基地或者安置二套房屋。法院审理后作出判决，确认县政府强制拆迁行为违法，驳回孙某等78人其他诉讼请求。孙某等78人向法院提出再审申请被驳回后，向检察机关申请监督。

检察机关经审查认为，孙某等78人的申请不符合法律规定的抗诉条件，决定对其监督申请不予支持。为化解矛盾，促进问题解决，检察机关依法向县政府提出检察建议，指出孙某等78人关于在老村宅基地内另行安置宅基地或房屋的请求，未经人民政府先行处理或决定，人民法院无权直接对诉求作出裁判，法院判决未支持孙某等相关诉讼请求，并非否定孙某等人享有获得补偿安置的实体权益。检察机关建议县政府依法给予相关人员补偿安置。县政府采纳了检察建议，妥善处理了相关问题。

专业解读

当事人向人民检察院申请对行政诉讼进行监督，人民检察院审查认为不符合监督条件的，作出不支持监督申请的决定。不支持监督申请决定，既是人民检察院对申请监督当事人的一种正式答复，也是对生效判决、裁定、调解书以及审判活动、执行活动的一种肯定，有利于维护司法权威和后续的服判息诉工作。

本案中，人民检察院依法作出不支持监督申请决定后，又有针对性地向县政府提出检察建议，促进了相关问题的解决。

相关法律

《人民检察院行政诉讼监督规则（试行）》

第二十七条第一款 人民检察院认为当事人的监督申请不符合监督条件，应当制作《不支持监督申请决定书》，在决定之日起十五日内发送当事人。

《人民检察院检察建议工作规定》

第十一条 人民检察院在办理案件中发现社会治理工作存在下列情形之一的，可以向有关单位和部门提出改进工作、完善治理的检察建议：

……

（四）相关单位或者部门不依法及时履行职责，致使个人或者组织合法权益受到损害或者存在损害危险，需要及时整改消除的；……。

38.行政生效裁判监督（再审检察建议）

检察职能

检察机关认为法院生效的行政判决、裁定确有错误，或者调解书损害国家利益、社会公共利益的，向同级法院提出行政再审检察建议。行政再审检察建议与行政抗诉共同担负着检察机关对生效行政判决、裁定和调解书的监督功能。

案例故事

不服行政处罚行政诉讼监督案

某地行政机关以上级单位2016年在某商店抽检某公司生产的粉条超限量使用食品添加剂为由，对该公司作出没收违法所得并处以罚款5万元的行政处罚。该公司认为上述行政处罚认定事实和适用法律错误，提起行政诉讼。法院判决认为，该处罚认定事实清楚、程序合法。该公司向法院申请再审被驳回后，向检察机关提出监督申请。

检察机关审查查明：行政机关抽样单记载的2016年4月21日抽样商品单价、保质期与该公司粉条的单价和保质期明显不符。另查明，该公司共销售给商店53袋粉条，该店实际卖出14袋，剩余39袋已于2016年1月全部退回该公司。检察机关认为，原审判决认定基本事实不清、证据不足。2018年6月，检察机关依法向法院提出再审检察建议。2018年9月，法院全部采纳了检察机关意见，依法予以改判。

专业解读

再审检察建议是与抗诉并列的一种监督方式,均以法院确有错误的生效行政判决、裁定和损害国家、社会公共利益的调解书等实体处理结果为监督对象,旨在启动再审程序,与抗诉共同担负着检察机关对生效裁判和调解书的监督功能。

与行政抗诉相比,检察机关提出再审检察建议,可以直接对同级法院的生效判决、裁定和调解书进行监督,免去了抗诉监督在检察机关内部所要经历的提请上级人民检察院抗诉的环节,也免去了案件由接受抗诉的法院重新指令下级法院再审的繁杂程序和检察机关的指令出庭环节,有利于节约司法资源。本案中,检察机关经审查认为同级法院裁定存在错误,向法院提出检察建议,达到了监督法院裁判、维护当事人合法权益的效果。

检察建议与抗诉在效力上有所不同。检察机关提出抗诉,则人民法院应当启动再审程序,但检察机关提出再审检察建议,人民法院并非一定启动再审程序。在司法实践中,对于判决、裁定存在明显错误,再审检察建议容易被法院接纳的,检察机关通常采用检察建议的形式督促同级法院启动再审。否则,则采用提请上级检察机关抗诉的形式督促法院启动再审程序。

相关法律

《中华人民共和国行政诉讼法》

第九十二条第二款 地方各级人民检察院对同级人民法院已经发生法律效力的判决、裁定,发现有本法第九十一条规定情形之一,或者发现调解书损害国家利益、社会公共利益的,可以向同级人民法院提出检察建议,并报上级人民检察院备案;也可以提请上级人民检察院向同级人民法院提出抗诉。

《人民检察院行政诉讼监督规则(试行)》

第三条 人民检察院通过抗诉、检察建议等方式,对行政诉讼活动实行法律监督。

39. 行政裁判执行监督

检察职能

检察机关对人民法院在执行行政裁判过程中存在的违法行为或者不履行、怠于履行执行职责的行为，依法提出检察建议，督促其纠正。

案例故事

某公民申请执行行政判决监督案

某公民因其工龄连续计算问题，与县人力资源社会保障部门发生争议，将该部门起诉到法院，请求法院判令人力资源社会保障部门依法履行为其办理连续工龄手续的法定职责。法院一审判决责令人力资源社会保障部门履行为原告办理确认连续工龄的职责。2016年6月8日法院二审维持一审判决。

该县人力资源社会保障部门未在判决规定的期限内履行为原告办理确认连续工龄的职责，该公民于2016年11月向法院申请强制执行。法院于2017年9月依照《最高人民法院关于适用<中华人民共和国民事诉讼法>的解释》第519条规定，作出执行裁定：终结本次执行程序。

该公民不服法院裁定，于2018年1月向检察机关申请行政判决执行监督。

检察机关审查认为，本案判决结果是责令行政机关履行法定职责，而非金钱给付义务、财产纠纷类的判决，不存在《最高人民法院关于适用<中华人民共和国民事诉讼法>的解释》第519条规定的无可供执行的财产而终结本次执行程序的情形。法院依照该条款终结本次执行程序，属于法律适用错误。检察机关建议法院恢复执行。

法院采纳了检察建议,依法采取执行措施,最终人力资源社会保障部门履行了为该公民办理"连续工龄"手续的法定职责。

专业解读

执行对于实现案件当事人合法权益至关重要。有些案件由于未能得到执行,使法院判决、裁定、调解书成为一纸空文;有些案件,由于乱执行,使当事人的合法权益受到侵害。

人民检察院对人民法院行政裁判执行活动进行监督,有利于促进法院依法履职,保证判决、裁定、调解书得到有效执行,保护当事人合法权益。

相关法律

《中华人民共和国行政诉讼法》

第一百零一条 人民法院审理行政案件,关于期间、送达、财产保全、开庭审理、调解、中止诉讼、终结诉讼、简易程序、执行等,以及人民检察院对行政案件受理、审理、裁判、执行的监督,本法没有规定的,适用《中华人民共和国民事诉讼法》的相关规定。

40. 行政非诉执行监督

检察职能

检察机关对人民法院在受理、审查、裁定和实施行政机关申请其强制执行行政决定过程中存在的违法行为或者不履行、怠于履行执行职责的行为，依法提出检察建议，督促其纠正。

案例故事

怠于执行违建行政处罚监督案

某公司未经土地行政主管部门批准，非法占地2500余平方米，并建设建筑物面积1300余平方米。城市管理行政执法部门作出行政处罚决定书，责令该公司退还非法占用的土地，拆除违法建筑物，恢复土地原状，并处以罚款。该公司在法定期限内未提起行政复议、行政诉讼，也未履行行政处罚决定，经催告程序，仍未履行。城市管理行政执法部门遂向法院申请强制执行。法院收取了申请材料，但长时间不予受理又不作出不予受理裁定。

检察机关发现这一线索后，经审查认为，城市管理行政执法部门根据法律规定没有强制执行权，在法定期限内向法院申请强制执行，法院应在5日内作出受理或不予受理的裁定，但法院在长达两年多时间里，既不予受理又不作出不予受理裁定，属于怠于履职。检察机关依法向法院发出检察建议书。

收到检察建议书后，法院积极督促该公司履行有关义务。该公司于2018年5月拆除了违法建筑物，退还非法占用的土地，并缴清罚款，国家利益及公共利益得到保护，行政权威也得以维护。

专业解读

行政非诉执行监督是近年来人民检察院重点开展的一项行政执行监督活动。行政非诉执行是指行政机关作出行政决定后,行政相对人拒不履行,而且在法定期间内不复议、不诉讼,没有强制执行权的行政机关向法院提出申请,由法院审查并裁定执行的一种强制执行制度。长期以来,由于种种原因,行政非诉执行制度未能得到较好的落实,很多应该强制执行的行政决定得不到及时有效执行,降低了行政效能,影响了行政机关的公信力。

近年来,为深入贯彻党的十九大精神,落实全面依法治国方略,针对非诉执行立案难、执行难等问题,最高人民检察院将非诉执行监督作为重要工作来抓,维护了行政机关行政决定的权威,保护了国家利益和社会公共利益,维护了人民群众合法权益。

相关法律

《中华人民共和国行政诉讼法》

第一百零一条　人民法院审理行政案件,关于期间、送达、财产保全、开庭审理、调解、中止诉讼、终结诉讼、简易程序、执行等,以及人民检察院对行政案件受理、审理、裁判、执行的监督,本法没有规定的,适用《中华人民共和国民事诉讼法》的相关规定。

41. 行政审判程序违法监督

检察职能

检察机关发现人民法院行政审判活动中存在违法情形的,依法向法院提出检察建议,督促法院纠正违法行为。

案例故事

审判组织违法监督案

2017年8月,某法院一审适用普通程序开庭审理一行政许可案,并作出行政判决。检察机关发现,该案合议庭组成人员中有一名人民陪审员在庭审前任期已满,且未被再次任命为人民陪审员。后查明,当天该人民陪审员还参与了另外三件行政诉讼案的审理。

2018年5月,检察机关依据全国人大常委会《关于完善人民陪审员制度的决定》认定,该人民陪审员任期届满后未被重新任命,不再具有人民陪审员资格;上述四案由无陪审员资格的人员组成合议庭参与案件审理违反法律规定、审判组织不合法。鉴于该四案当事人均未向法院申请再审且未发现实体错误,检察机关向法院发出检察建议,要求督促承办法官说明情况,并开展专项清查整改。法院接到检察建议后,对人民陪审员存在的问题,进行了认真的排查清理,进一步强化了人民陪审员的选任、管理工作。

专业解读

司法实践中，重实体轻程序的现象较为常见。对于行政判决、裁定确有错误，影响当事人合法权益的案件，检察机关通过提出抗诉或者再审检察建议的形式启动审判监督程序，保证实体公正。但是，还有很多案件实体判决并未出现明显错误，而是在审判程序上存在违法情形，影响了审判的严肃性。对此，检察机关可以通过检察建议的形式，督促法院纠正违法行为，保证程序公正，维护司法权威。

相关法律

《中华人民共和国行政诉讼法》

第九十三条第三款　各级人民检察院对审判监督程序以外的其他审判程序中审判人员的违法行为，有权向同级人民法院提出检察建议。

公益诉讼检察

42. 环境资源领域行政公益诉讼

检察职能

检察机关对生态环境和资源保护领域负有监督管理职责的行政机关违法行使职权或者不作为，致使国家利益或者社会公共利益受到侵害的，向行政机关提出检察建议，督促其依法履行职责。行政机关不依法履行职责的，检察机关依法向人民法院提起行政公益诉讼。

案例故事

某环保部门怠于履行管理职责案

2014年5月，某能源化工有限公司年产60万吨甲醇工程项目建成，经当地环境保护部门审批投入试生产至同年12月31日。试生产期满后，该公司未停止生产，且燃煤锅炉颗粒物排放值持续超过当地重点行业大气污染物排放限值地方标准。环境保护部门向该公司下达《环境违法行为限期改正通知书》，但该公司并未停止甲醇项目生产，颗粒物超标排放问题没有得到有效解决。

2015年12月，检察机关向环境保护部门发出《检察建议书》，建议依法督促该公司上线治污减排设备，确保排放达标。环境保护部门采取了责令限制生产、加收排污费等措施，但该公司颗粒物排放依然超过限值。

2016年5月，检察机关向法院提起行政公益诉讼，请求判决环境保护部门依法全面履行职责，督促该公司采取措施，防止空气污染。2016年8月，法院审理此案期间，该公司正式投入运行减污设备，经第三方检测机构的检测,颗粒物排放符合国家和地方排放标准并持续稳定。2016年12月,检察机关撤回了督促环境保护部门履行职责的诉讼请求。

专业解读

环境保护部门肩负环境行政执法职责,处于保护环境的第一线。出现环境污染问题,首先由环境保护部门负责监管,包括排查、纠正侵害环境的违法行为,对违法者进行行政处罚;涉嫌犯罪的,依法移送司法机关进行刑事追诉等。环境污染易发多发、屡禁不止,既有违法成本过低的弊端,也有监管不力的问题,还有一些是环境保护部门自身也无法解决的难题。在生态环境和资源保护领域,检察机关通过履行公益诉讼检察职能,与环境保护部门形成合力,是携手打好污染防治攻坚战的有效方式和重要途径。在此过程中,检察机关通过诉前检察建议、提起行政公益诉讼,促进环境保护部门规范执法、强化监管,共同推动生态文明建设。2018年,检察机关加大办案力度,全年共办理生态环境领域公益诉讼案件5万多件,占全部案件的50%以上。

检察机关向环境保护部门发出诉前检察建议后,是否要提起行政公益诉讼?这需要准确把握行政机关履职尽责的标准,以其法定职责为依据,对照执法权力清单和责任清单,以是否采取有效措施制止违法行为、是否全面运用法律、法规、规章和规范性文件规定的行政监管手段、国家利益和社会公共利益是否得到有效保护为标准。

针对环境资源领域存在的一些特殊情形,如恢复植被、修复土壤、治理污染等,环境保护部门等行政机关主观上有整改意愿,但由于受季节气候条件、施工条件、工期等客观原因限制,无法在检察建议回复期内整改完毕的,检察机关应当继续跟进调查监督。行政机关回复将采取明确可行的措施,制定详细可靠的方案,并积极准备前期工作的,暂不提起行政公益诉讼;如在合理期限内仍未整改到位,国家利益或者社会公共利益仍继续处于受侵害状态的,应当提起行政公益诉讼。

相关法律

《中华人民共和国行政诉讼法》

第二十五条第四款 人民检察院在履行职责中发现生态环境和资源保护、食品药品安全、国有财产保护、国有土地使用权出让等领域负有监督管理职责的行政机关违法行使职权或者不作为,致使国家利益或者社会公共利益受到侵害的,应当向行政机关提出检察建议,督促其依法履行职责。行政机关不依法履行职责的,人民检察院依法向人民法院提起诉讼。

43. 环境资源领域民事公益诉讼

检察职能

检察机关对破坏生态环境和资源保护等损害社会公共利益的行为，在没有法律规定的机关和组织或者法律规定的机关和组织不提起诉讼的情况下，向人民法院提起民事公益诉讼。法律规定的机关或组织提起诉讼的，检察机关可以支持起诉。

案例故事

某公司大气污染案

检察机关在履行职责中发现，某公司从事钢结构制造过程中，喷漆工艺未在密闭空间中进行，喷漆场地未安装废气污染防治设施，喷漆产生的挥发性有机物废气未经处理直接排放，对周围大气环境造成污染。该公司被当地环境保护部门处以罚款后，违法行为仍在持续，大气环境仍处于受侵害状态。

检察机关立案后，委托专业机构进行鉴定。经鉴定，该公司违法排放挥发性有机物废气造成的大气环境污染所致生态环境损害，无法通过恢复工程进行恢复，采用虚拟治理成本法量化其造成生态环境损害数额为89万余元。

检察机关依法进行诉前公告。在公告期满后，因没有法律规定的机关和组织就该案向人民法院提起诉讼，检察机关依法向法院提起了民事公益诉讼，请求判令被告依法承担停止侵害、赔偿损失、赔礼道歉的民事责任。2018年6月，法院公开宣判，支持检察机关全部诉讼请求。

专业解读

生态环境和资源保护领域民事公益诉讼案件,主要针对侵权人实施破坏环境和资源保护行为致使生态或者其他社会公共利益遭受损害或者有重大损害危险的情形。破坏环境包括污染环境及其他破坏环境的行为。其中,污染环境是常见的破坏环境类型,主要包括大气污染、土壤污染、固体废弃物污染和水污染等。公益诉讼中的资源保护一般指自然资源,主要包括土地资源、矿产资源、林业资源、草原资源等。民事公益诉讼保护的客体是社会公共利益,因此破坏资源造成生态破坏或者其他社会公共利益损害后果的,就可提起民事公益诉讼。

检察机关是提起民事公益诉讼的适格主体,但不是唯一主体。检察机关提起民事公益诉讼处于兜底、补充的地位,在无适格主体或适格主体不提起诉讼的情况下,检察机关才会提起诉讼。检察机关在提起民事公益诉讼之前,应当通过公告的方式督促法律规定的机关和有关组织提起民事公益诉讼。经过公告程序,在确认没有法律规定的机关和有关组织或者法律规定的机关和有关组织没有提起民事公益诉讼,社会公共利益仍处于受损害状态或者有重大损害危险的,检察机关可以提起民事公益诉讼。如果法律规定的机关或者组织提起诉讼的,检察机关可以支持起诉,这对于维护环境公共利益、维护司法公正同样具有积极意义。

相关法律

《中华人民共和国民事诉讼法》

第五十五条第二款 人民检察院在履行职责中发现破坏生态环境和资源保护、食品药品安全领域侵害众多消费者合法权益等损害社会公共利益的行为,在没有前款规定的机关和组织或者前款规定的机关和组织不提起诉讼的情况下,可以向人民法院提起诉讼。前款规定的机关或者组织提起诉讼的,人民检察院可以支持起诉。

44. 食品药品安全领域行政公益诉讼

检察职能

检察机关对食品药品安全领域负有监督管理职责的行政机关违法行使职权或者不作为,致使国家利益或者社会公共利益受到侵害的,向行政机关提出检察建议,督促其依法履行职责。行政机关不依法履行职责的,检察机关依法向人民法院提起行政公益诉讼。

案例故事

盐务管理部门不依法履行职责案

检察机关在履行职责中发现,安某、谢某于2016年二三月间购进假冒食盐并售给食盐经营者70件(合计1400公斤)。盐务管理部门虽对该行为查获并作出没收、罚款等行政处罚,但明知不符合安全标准食盐已售出,却未责令食盐经营者采取停止销售、警示、召回等措施,消费者可能食用该批足以造成食源性疾病的不符合安全标准食盐的风险持续存在,损害了社会公共利益。

检察机关向盐务管理部门提出检察建议,督促其依法履行职责。相关盐务管理部门回复称:由于案件已经移交至公安机关调查处理,应由正在处理该案件的行政机关作出召回决定。

检察机关以相关盐务管理部门不依法履职为由提起行政公益诉讼。法院作出判决,判令相关盐务管理部门履行责令经营者采取停止销售、警示、召回、无害化处理等法定措施的职责。

专业解读

食品药品安全领域问题突出,是社会各界高度关注、人民群众反映强烈的"老大难"问题。出现食品药品安全事件,老百姓首先关注相关食品药品监督管理部门是否存在不作为、乱作为现象。检察机关在调查核实基础上,通过办理行政公益诉讼案件,督促行政机关依法履职,纠正侵害食品药品安全的违法行为,维护国家法律的统一正确实施,维护社会公共利益和人民群众的切身利益。

检察机关履行职责中发现食品药品安全领域发生国家利益或者社会公共利益受到侵害的情形,可能是由负有监管职责的行政机关违法行使职权或不依法履职所导致的线索,符合立案条件的应当依法立案。

检察机关通过调查,发现负有监管职责的行政机关确实存在违法行使职权或者不作为,导致国家利益或者社会公共利益受到侵害的,依法提出检察建议,督促其依法履行职责。检察建议回复期满,及时对纠正违法行为或者依法履行职责情况,以及国家利益或者社会公共利益受到侵害的情况跟进调查,对行政机关仍不依法履行职责、国家利益或者社会公共利益仍然受到侵害的,依法向人民法院提起诉讼。

相关法律

《中华人民共和国行政诉讼法》

第二十五条第四款 人民检察院在履行职责中发现生态环境和资源保护、食品药品安全、国有财产保护、国有土地使用权出让等领域负有监督管理职责的行政机关违法行使职权或者不作为,致使国家利益或者社会公共利益受到侵害的,应当向行政机关提出检察建议,督促其依法履行职责。行政机关不依法履行职责的,人民检察院依法向人民法院提起诉讼。

45. 食品药品安全领域民事公益诉讼

检察职能

检察机关对食品药品安全领域侵害众多消费者合法权益等损害社会公共利益的行为，在没有法律规定的机关和组织或者法律规定的机关和组织不提起诉讼的情况下，向人民法院提起民事公益诉讼。法律规定的机关或者组织提起诉讼的，检察机关可以支持起诉。

案例故事

郭某等人生产、销售硫磺熏制的辣椒案

郭某从事辣椒生意，其采用硫磺熏制辣椒以达到防霉、耐存储的目的。2017年8月，公安机关、工商行政管理机关在郭某家中查获1.4万余斤辣椒，现场扣押辣椒5700余斤，同时对剩余的9000余斤辣椒现场查封。郭某私自撕去封条，将封存在其仓库的9000余斤辣椒销售流入市场。经食品药品检验部门检验，在郭某家中提取的辣椒样品均超过食品安全国家标准0.2g/kg的上限20多倍。郭某将被查封的辣椒私自出售，存在对不特定多数人的身体健康造成重大侵害的危险，损害了社会公共利益。

检察机关在报纸上刊登公告，依法督促有权提起诉讼的适格主体就本案向法院提起民事公益诉讼。因无社会组织向法院提起诉讼，检察机关向法院提起民事公益诉讼。

法院公开开庭审理此案。庭审中，检察机关对郭某是否应承担民事侵权责任等争议焦点进行了充分陈述和辩论。法院判决支持了检察机关全部诉讼请求。

专业解读

食品药品安全领域的民事公益诉讼案件，主要是食品药品安全领域侵害众多消费者合法权益等损害社会公共利益的案件。食品药品安全问题是该类案件的核心要点，侵害的对象是众多消费者，保护的客体是社会公共利益。

检察机关提起食品药品安全领域民事公益诉讼具体案件范围主要是：食品、药品存在缺陷，侵害众多不特定消费者合法权益，或可能危及消费者人身、财产安全，未作出真实的说明和明确的警示，或对质量、性能、用途、有效期限等信息作虚假或引人误解的宣传，或以格式条款、声明等方式，减轻或者免除经营者责任、加重消费者责任等侵害众多不特定消费者合法权益或者具有危及消费者人身、财产安全危险等损害社会公共利益的行为。检察机关针对食品药品安全领域提起民事公益诉讼不仅是对已经发生实际危害后果的行为，也包括对可能产生侵害消费者人身、财产安全的行为。

法律规定的机关或组织提起食品药品安全领域民事公益诉讼的，检察机关可以支持起诉。法律规定的机关和组织没有提起民事公益诉讼的，社会公共利益仍持续受损害或者有重大损害危险的，检察机关以公益诉讼起诉人的身份依法提起民事公益诉讼。

相关法律

《中华人民共和国民事诉讼法》

第五十五条第二款 人民检察院在履行职责中发现破坏生态环境和资源保护、食品药品安全领域侵害众多消费者合法权益等损害社会公共利益的行为，在没有前款规定的机关和组织或者前款规定的机关和组织不提起诉讼的情况下，可以向人民法院提起诉讼。前款规定的机关或者组织提起诉讼的，人民检察院可以支持起诉。

46. 国有财产保护领域行政公益诉讼

检察职能

检察机关对国有财产保护领域负有监督管理职责的行政机关违法行使职权或者不作为，致使国家利益或者社会公共利益受到侵害的，向行政机关提出检察建议，督促其依法履行职责。行政机关不依法履行职责的，检察机关依法向人民法院提起行政公益诉讼。

案例故事

某农机管理部门不依法履行职责案

检察机关在办理有关案件过程中，发现某地农业机械管理部门在审核国家农机补贴申请过程中，未认真履行职责，批准不符合补贴条件的某合作社的申请，致使国家补贴资金被套取，造成国家经济损失100余万元。

检察机关向该农业机械管理部门发出检察建议书，要求采取措施，会同财政部门收回该合作社套取的补贴资金，并取消该合作社今后享受补贴资金的资格，挽回国家损失。该农业机械管理部门回函称"无法对申报者提出违法方面的司法起诉和追缴程序。如果认定套取资金等违法行为属实，也只能通过司法程序予以追缴，本单位无资格和权力收回已发放的补贴资金"。该农业机械管理部门不履行依法撤销已发放给该合作社的农机购置补贴指标确认通知书并收回被套取补贴资金，以及取消该合作社今后享受补贴资金的资格等职责，致使国家和社会公共利益仍处于受侵害的状态。

检察机关以该农业机械管理部门为被告向法院提起行政公益诉讼，请求责令被告履行撤销作出的有关农机购置补贴指标确认通知书，收回被套取的农机补贴资金100余万元,取消相对人今后享受农机补贴的法定职责。法院开庭审理并当庭宣判,支持了检察机关全部诉讼请求。

专业解读

国有财产是国家利益的重要载体,加强对国有财产的保护是公益诉讼的应有之义。国有财产保护领域的行政公益诉讼案件,主要指对国有财产负有监督管理职责的行政机关违法行使职权或者不作为,致使国家利益或者社会公共利益受到侵害的案件。

国有财产包括国家所有的各种财产、物资、债权和其他权益。由于国有财产表现形式的多样化,检察机关在办案中要明确承担国有财产保护的具体职责部门。检察机关经过审查,认为有充分的证据材料证明被监督机关存在国有财产监管的违法作为或不作为,造成了对国有财产损害的,应当发出检察建议督促纠正。

检察建议回复期满后,检察机关应跟进调查,经审查行政机关已经依法履行职责追回了流失的国有财产,则终结审查。对于行政机关回复将采取明确可行的措施,并积极准备相关工作的,检察机关可暂不提起行政公益诉讼。如果行政机关不积极履行职责,国有财产仍处于流失状态的,应依法提起行政公益诉讼。国有财产保护领域行政公益诉讼案件的诉讼请求一般是要求履行对特定被侵害国有财产的监管职责,收回被侵害的国有财产。

相关法律

《中华人民共和国行政诉讼法》

第二十五条第四款 人民检察院在履行职责中发现生态环境和资源保护、食品药品安全、国有财产保护、国有土地使用权出让等领域负有监督管理职责的行政机关违法行使职权或者不作为,致使国家利益或者社会公共利益受到侵害的,应当向行政机关提出检察建议,督促其依法履行职责。行政机关不依法履行职责的,人民检察院依法向人民法院提起诉讼。

47. 国有土地使用权出让领域行政公益诉讼

检察职能

检察机关对国有土地使用权出让领域负有监督管理职责的行政机关违法行使职权或者不作为，致使国家利益或者社会公共利益受到侵害的，向行政机关提出检察建议，督促其依法履行职责。行政机关不依法履行职责的，检察机关依法向人民法院提起行政公益诉讼。

案例故事

某国土资源管理部门不依法履行职责案

2005年7月，某房地产开发有限公司以66万元竞得某地块。2013年8月，城乡规划部门调整该地块规划设计条件，调整后实际建筑面积增加，经国土资源管理部门与该公司签订补充协议，约定需补缴土地出让金2800余万元。2015年7月，当地政府以会议纪要形式同意该公司缓缴包括土地使用权出让金在内的各项费用。但直至2018年1月，该公司未依法缴纳出让金，国土资源管理部门也未依法收缴。

2018年1月，检察机关发出检察建议书，建议国土资源管理部门向该公司追缴土地使用权出让金及违约金。国土资源管理部门收到检察建议书后，仅向该公司发出了催缴通知书，以执行政府会议纪要为由，没有采取其他有效措施。

2018年11月，检察机关提起行政公益诉讼，法院开庭审理此案。庭审过程中双方争议的焦点主要在如何理解和适用市政府会议纪要问题。法院经审理后，当庭宣判支持了检察机关全部诉讼请求。收到判决书后，国土资源管理部门表达了对检察机关行政公益诉讼的理解和支持，并表示将积极履行职责，早日将土地使用权出让金追缴到位。

📝 专业解读

我国实行土地有偿、有期使用制度。依法出让国有土地使用权，确保土地有序进入市场进行开发经营，是国家行使土地所有权的重要方式，也是解决供需矛盾、集约高效利用土地的有效手段，关系到民族生存根基和国家长远发展利益。国有土地使用权出让领域的行政不作为、乱作为不仅会造成国家巨额土地收益流失，还会扰乱土地供应秩序，造成土地资源不合理利用、加剧人地矛盾，致使国家利害或者社会公共利益受到侵害。国有土地使用权出让领域行政公益诉讼案件，常见类型包括国有土地使用权出让收入流失、土地闲置、违法使用土地、违法审批许可等。

检察机关针对国有土地使用权出让领域线索进行立案后，主要围绕以下重点问题调查、审查：国有土地使用权出让领域相关部门监管职责、行政机关违法行使职权或者不作为的事实、国家利益或者社会公共利益受到侵害的事实。经审查认为国有土地使用权出让等领域负有监督管理职责的行政机关违法行使职权或者不作为，致使国家利益或者社会公共利益受到侵害的，应当向行政机关提出检察建议。

检察建议期满后，检察机关跟进调查有关行政机关是否实际已纠正违法行为或正在履行职责，判断国家利益或者社会公共利益是否仍处于受侵害状态，对于正在整改过程中的要审查整改措施是否完备、可行、合法；经审查，行政机关仍未依法履行职责的，检察机关依法向人民法院提起诉讼。

📖 相关法律

《中华人民共和国行政诉讼法》

第二十五条第四款 人民检察院在履行职责中发现生态环境和资源保护、食品药品安全、国有财产保护、国有土地使用权出让等领域负有监督管理职责的行政机关违法行使职权或者不作为，致使国家利益或者社会公共利益受到侵害的，应当向行政机关提出检察建议，督促其依法履行职责。行政机关不依法履行职责的，人民检察院依法向人民法院提起诉讼。

48. 侵害英烈权益民事公益诉讼

检察职能

检察机关对侵害英雄烈士的姓名、肖像、名誉、荣誉，损害社会公共利益的行为，英雄烈士没有近亲属或者近亲属不提起诉讼的，向人民法院提起民事公益诉讼。

案例故事

曾云侵害英烈名誉案

2018年5月，淮安市消防支队水上大队城南中队副班长谢勇在灭火救援行动中不幸牺牲。公安部批准谢勇同志为烈士并颁发献身国防金质纪念章。网民曾云因就职受挫、婚姻不顺等原因，饮酒后看到其他网友发表悼念谢勇烈士的消息，为发泄自己的消极情绪，在微信群公开发布一系列侮辱性言论，歪曲谢勇烈士英勇牺牲的事实，且在他人提醒、劝阻时，表示"拘留算什么，坐牢我都不怕"。曾云歪曲事实、侮辱英烈的行为，侵害了烈士的名誉，造成了较为恶劣的社会影响。

2018年5月21日，检察机关在履行诉前程序后，向法院提起民事公益诉讼。法院经审理，认定曾云的行为侵害了烈士名誉并损害了社会公共利益，当庭作出判决，判令曾云在判决生效之日起7日内在报纸上公开赔礼道歉。随后曾云在报纸上公开刊登道歉信，消除因其不当言论造成的不良社会影响。

专业解读

英雄烈士名誉是民族精神的体现，是引领社会风尚的标杆，绝不允许恶意侮辱。英雄烈士的姓名、肖像、名誉和荣誉等是社会正义的重要组成内容，承载着社会主义核心价值观，具有社会公益性质。侵害英雄烈士名誉就是对社会公共利益的损害。本案中，曾云在微信群公开发表言论，侮辱谢勇烈士名誉，造成了较为恶劣的社会影响。

对侵害英雄烈士的姓名、肖像、名誉、荣誉，损害社会公共利益的行为人，英雄烈士没有近亲属或者近亲属不提起诉讼的，检察机关可以依法向法院提起公益诉讼，要求侵权人承担侵权责任。这将检察公益诉讼范围从物质领域拓展到精神层面和意识形态。本案中，检察机关经诉前程序征求谢勇烈士近亲属意见后，对曾云行为提起民事公益诉讼，依法追究了曾云侵权责任。本案是首例检察机关英烈保护民事公益诉讼案例，是检察机关开展英烈保护公益诉讼工作的重要开端。最高人民检察院将该案作为指导性案例公开发布，传递出国家倡导尊敬英烈、崇尚英雄，弘扬社会主义核心价值观的强烈信号。

相关法律

《中华人民共和国英雄烈士保护法》

第二十五条第二款 英雄烈士没有近亲属或者近亲属不提起诉讼的，检察机关依法对侵害英雄烈士的姓名、肖像、名誉、荣誉，损害社会公共利益的行为向人民法院提起诉讼。

49.公益诉讼诉前程序

检察职能

检察机关在提起公益诉讼前，向有关行政机关提出检察建议，督促其履行职责；或通过公告的方式督促法律规定的机关和组织、个人提起民事公益诉讼。诉前程序包括行政公益诉讼诉前程序和民事公益诉讼诉前程序。

案例故事

行政执法部门不积极履行管理职责案

某房地产开发有限公司开发某项目过程中，将原定项目建设的性质、规模、容积率等作重大调整，但并未按照《环境影响评价法》的规定重新报批。经检察机关调查，该项目建设用地位于饮用水水源保护区保护范围内，影响了饮用水安全。

2017年12月、2018年3月，检察机关分别向当地城乡规划建设管理部门、行政执法部门和环境保护部门发出检察建议：一是依法对该公司违法行为进行处罚，责令违法在建工程恢复原状；二是依法处理项目环境影响评价、建设工程规划许可和建筑工程施工许可等存在的问题；三是依法加强对项目行政许可的审批管理和执法监管，杜绝类似违法行为再次发生。

2018年4月，行政执法部门向该公司发出行政处罚决定书：责令该公司立即停止项目建设；对该项目相关基坑恢复原状，并处罚款436万余元。城乡规划建设管理部门、环境保护部门根据检察建议的要求加大对该项目的监管力度，对类似行政审批流程进行规范，对相关责任人员进行追责。5月17日，有关部门向检察机关作出书面回复，对项目违法建设的处置提出进一步整治具体工作意见和实施办法。

专业解读

检察机关提起公益诉讼包括诉前程序和诉讼程序两个阶段。诉前程序是诉讼程序的必经阶段，诉讼程序是诉前程序的效果保障。

在全面依法治国的新时代背景下，建立检察机关提起公益诉讼制度是运用法治思维和法治方式解决公益保护问题、提高国家治理体系和治理能力现代化的具体举措。

作为宪法规定的法律监督机关，检察机关在履行职责中发现行政机关违法行使职权或者不作为的违法行为，首先通过提出检察建议的方式，督促行政机关主动整改；在行政机关仍然不依法履行职责，国家利益和社会公共利益得不到有效保护的情况下，检察机关才通过提起行政公益诉讼的方式启动审判程序，由法院对行政机关的行政行为是否违法作出实体上的裁判。从实践情况看，检察机关的诉前程序取得显著成效，使检察机关和行政机关形成了公益保护合力。

检察机关在提起民事公益诉讼前，应当首先督促适格主体积极行使公益诉权。只有不存在适格主体或在适格主体，如生态环境和资源保护、食品药品安全领域的相关社会组织和英烈荣誉名誉保护领域的英烈近亲属，不提起诉讼的情况下，检察机关才直接向人民法院提起民事公益诉讼。

无论是行政公益诉讼还是民事公益诉讼，其核心价值取向都是使受到侵害或威胁的公共利益得到救济、恢复和保护。检察机关的诉前程序能够促进行政机关依法履职和适格主体主动维权，不仅有利于及时保护公益，而且可以用最小的司法资源获得最佳的"三个效果"，实现司法的最佳状态。

相关法律

《中华人民共和国行政诉讼法》

第二十五条第四款 人民检察院在履行职责中发现生态环境和资源保护、食品药品安全、国有财产保护、国有土地使用权出让等领域负有监督管理职责的行政机关违法行使职权或者不作为，致使国家利益或者社会公共利益受到侵害的，应当向行政机关提出检察建议，督促其依法履行职责。行政机关不依法履行职责的，人民检察院依法向人民法院提起诉讼。

《中华人民共和国民事诉讼法》

第五十五条第二款 人民检察院在履行职责中发现破坏生态环境和资源保护、食品药品安全领域侵害众多消费者合法权益等损害社会公共利益的行为，在没有前款规定的机关和组织或者前款规定的机关和组织不提起诉讼的情况下，可以向人民法院提起诉讼。前款规定的机关或者组织提起诉讼的，人民检察院可以支持起诉。

第二部分

- 查办司法工作人员部分职务犯罪
- 未成年人检察
- 控告申诉检察
- 其他

查办司法工作人员部分职务犯罪

50.查办司法工作人员部分职务犯罪

检察职能

检察机关在对诉讼活动实行法律监督中发现的司法工作人员利用职权实施的非法拘禁、刑讯逼供、非法搜查等侵犯公民权利、损害司法公正的犯罪，可以由检察机关立案侦查。

案例故事

某监狱民警涉嫌玩忽职守、失职致使在押人员脱逃案

2018年国庆节期间，某监狱发生了惊动全国的两名重刑犯越狱事件。2018年10月4日凌晨，该监狱重刑罪犯王某、张某林利用监狱民警监管漏洞，撬开监狱会见室门窗，从会见室家属通道逃出监狱。事件发生后，检察机关及时介入调查，分别以玩忽职守罪对该监狱副监狱长李某、副监区长赵某立案侦查，以失职致使在押人员脱逃罪对民警张某、谢某某、陈某某、韩某某、王某某立案侦查。

某派出所所长赵某某涉嫌徇私枉法案

2018年12月，检察机关对某派出所所长赵某某徇私枉法案立案侦查。经查，赵某某身为司法工作人员，在办理一起寻衅滋事案件过程中，接受他人请托，徇私情私利，对明知有犯罪事实需要追究刑事责任的涉案人员作出行政处罚，故意包庇使其未受刑事追诉，涉嫌徇私枉法犯罪。

某监狱民警何某某涉嫌徇私舞弊减刑案

2018年12月,检察机关以涉嫌徇私舞弊减刑罪,依法对某监狱民警何某某立案侦查。经查,何某某利用职务上的便利,违反监狱管理规定接受多名服刑罪犯的委托,代为领取、转交罪犯亲属的汇款或现金,从中收取好处费;多次为罪犯购买、传递物品。在监区研究对罪犯提请减刑时,何某某故意隐瞒罪犯违反监规的事实,同意监区为罪犯提请减刑,先后有9名不符合条件的罪犯被裁定减刑。

某监狱民警钱某涉嫌虐待被监管人案

某监狱民警钱某在执行职务过程中,多次以电警棍电击、手铐锁铐、扇耳光等方式对多名服刑罪犯实施体罚虐待行为。2018年11月,检察机关对钱某以涉嫌虐待被监管人罪立案侦查。

某监狱监管人员尹某涉嫌虐待被监管人案

某监狱监管人员尹某在监管活动中,用缝衣针扎入服刑罪犯指甲缝、违规使用催泪瓦斯喷射器喷射服刑罪犯,给罪犯身心带来极大痛苦,造成极其恶劣影响。2018年11月,检察机关以涉嫌虐待被监管人罪依法对尹某立案侦查。

专业解读

在国家监察体制改革中,原由检察机关行使的对国家工作人员贪污贿赂、渎职侵权等职务犯罪案件的侦查职能划转至监察机关,原来检察机关内设的反贪局、反渎局和职务犯罪预防部门也随之整体转隶到监察机关。您可能认为,公职人员的职务犯罪全部由监察机关调查了。事实上,检察机关仍然保留了一部分职务犯罪案件的侦查权。

修改后的刑事诉讼法对人民检察院的侦查职权作出相应的调整,删去了人民检察院对贪污贿赂等案件行使侦查权的规定,但保留了检察机关对诉讼活动实行法律监督中发现的司法工作人员利用职权实施的侵犯公民权利、损害司法公正犯罪案件的侦查权以及机动侦查权。根据刑事诉讼法第十九条的规定，目前检察机关对诉讼监督中发现的司法工作人员利用职权实施的非法拘禁罪、非法搜查罪、刑讯逼供罪和徇私舞弊减刑、假释、暂予监外执行罪等14个罪名可以立案侦查。这14种职务犯罪由检察机关立案侦查，是因为检察机关作为法律监督机关更贴近诉讼，更容易发现诉讼过程中司法工作人员相关职务犯罪线索。同时，查办这类职务犯罪案件，往往涉及证据合法性判断和诉讼走向，因此，由检察机关立案查办这些案件，更为便捷，也有利于及时判断证据合法性，有利于促进司法公正。

相关法律

《中华人民共和国刑事诉讼法》

第十九条第一款、第二款 刑事案件的侦查由公安机关进行，法律另有规定的除外。

人民检察院在对诉讼活动实行法律监督中发现的司法工作人员利用职权实施的非法拘禁、刑讯逼供、非法搜查等侵犯公民权利、损害司法公正的犯罪，可以由人民检察院立案侦查。对于公安机关管辖的国家机关工作人员利用职权实施的重大犯罪案件，需要由人民检察院直接受理的时候，经省级以上人民检察院决定，可以由人民检察院立案侦查。

《中华人民共和国人民检察院组织法》

第二十条 人民检察院行使下列职权：
（一）依照法律规定对有关刑事案件行使侦查权；
……

未成年人检察

51. 惩治侵害未成年人犯罪

检察职能

检察机关通过履行审查逮捕、公诉、诉讼监督等检察职能，依法惩治侵害未成年人的犯罪活动。

案例故事

骆某猥亵儿童案

2017年1月，被告人骆某使用化名，通过QQ软件将13岁女童小羽加为好友。聊天中得知小羽系初二学生后，骆某通过言语恐吓，向其索要裸照。在被害人拒绝并在QQ好友中将其删除后，骆某又通过小羽的校友周某对其施加压力，再次将小羽加为好友。同时骆某还虚构"李某"的身份，注册另一QQ号并添加小羽为好友。之后，骆某利用"李某"的身份在QQ聊天中对小羽进行威胁恐吓，同时利用周某继续施压。小羽被迫按照要求自拍裸照10张，通过QQ软件传送给骆某观看。后骆某又以在网络上公布小羽裸照相威胁，要求与其见面并在宾馆开房，企图实施猥亵行为。因小羽向公安机关报案，骆某在依约前往宾馆途中被抓获。

2017年6月，检察机关以骆某涉嫌猥亵儿童罪对其提起公诉。法院经审理认为，被告人骆某强迫被害女童拍摄裸照，并通过QQ软件获得裸照的行为不构成猥亵儿童罪；但被告人骆某以公开裸照相威胁，要求与被害女童见面，准备对其实施猥亵，因被害人报案未能得逞，该行为构成猥亵儿童罪，系犯罪未遂。法院一审判决，认定被告人骆某犯猥亵儿童罪（未遂），判处有期徒刑1年。

检察机关认为，法院一审判决在事实认定、法律适用上均存在错误，并导致量刑偏轻。被告人骆某利用网络强迫儿童拍摄裸照并观看的行为构成猥亵儿童罪，且犯罪形态为既遂，遂依法提出抗诉。

二审法院经审理认为，原审被告人骆某以寻求性刺激为目的，通过网络聊天对不满14周岁的女童进行言语威胁，强迫被害人按照要求自拍裸照供其观看，已构成猥亵儿童罪（既遂），依法应当从重处罚。2017年12月，二审法院作出终审判决，采纳了检察机关的意见，认定原审被告人骆某犯猥亵儿童罪，判处有期徒刑2年。

专业解读

近年来，强奸、猥亵等侵害未成年人犯罪多发。这类案件性质恶劣、危害严重，给被害人及其家庭造成了巨大伤害，必须从严惩处。检察机关一直把保护未成年人健康成长作为义不容辞的政治责任、法律责任和社会责任，对侵害未成年人犯罪坚持依法严惩。在办理骆某案中，检察机关经审查认为，犯罪嫌疑人的行为严重侵害了被害人的人格尊严和心理健康，涉嫌猥亵儿童罪，遂依法提起公诉；针对一审法院在事实认定、法律适用方面的错误，依法提出抗诉，确保骆某受到应有法律制裁。这体现了检察机关对侵害未成年人犯罪的"零容忍"态度。

随着网络的迅速发展，新型、涉网侵害未成年人犯罪时有发生，新情况新问题不断出现，给打击犯罪带来一定困难。本案中，骆某通过网络猥亵儿童，没有直接接触被害人身体，与人们对该犯罪传统认知不一致，导致相关部门对法律适用产生了分歧。检察机关通过对本案成功抗诉明确，类似骆某的行为是对儿童人格尊严和心理健康的严重侵害，与实际接触儿童身体的猥亵行为具有相同的社会危害性，应当认定构成猥亵儿童罪。最高人民检察院已经将本案作为指导性案例公开发布，以指导各地准确、有力地惩治性侵未成年人犯罪。

📖 **相关法律**

《中华人民共和国未成年人保护法》

　　第四十一条第一款　禁止拐卖、绑架、虐待未成年人，禁止对未成年人实施性侵害。

《最高人民法院、最高人民检察院、公安部、司法部关于依法惩治性侵害未成年人犯罪的意见》

　　2. 对于性侵害未成年人犯罪，应当依法从严惩治。

52.惩戒教育未成年犯罪嫌疑人

检察职能

检察机关办理案件中,根据未成年犯罪嫌疑人的犯罪情节、成长经历、犯罪原因、监护教育等具体情况,以是否有利于教育挽救出发,依法对案件作出决定,并落实法律规定的特殊制度、程序,实施有针对性的教育和惩戒。

案例故事

杨某某等五人强制侮辱案

2017年,检察机关发现,某校多名学生对一名女生殴打、羞辱,欺凌时间长达两个小时,还拍摄视频上传网络,但公安机关对该案仅作了治安处理。检察机关经过调查,依法监督公安机关以涉嫌强制侮辱罪立案侦查。审查逮捕阶段,检察机关根据各犯罪嫌疑人犯罪情节和一贯表现,对2名成年犯罪嫌疑人批准逮捕,对杨某某等2名未成年犯罪嫌疑人作出无社会危险性不捕决定,并建议公安机关追诉1名遗漏的未成年犯罪嫌疑人。审查起诉阶段,对3名涉罪未成年人开展观护帮教,对多名参与欺凌,但情节显著轻微不作为犯罪处理的未成年人落实训诫、跟踪帮教等处分措施,责令监护人加强管教并开展亲职教育;同时,通过责令犯罪嫌疑人赔偿和赔礼道歉,引导符合条件的当事人达成谅解,帮助未成年被害人获得经济和精神补偿,落实司法救助金和心理疏导,尽快恢复正常生活和学习。出庭公诉阶段,检察机关依法建议对3名未成年被告人适用缓刑,对2名成年被告人判处实刑,均获法院采纳。

专业解读

检察机关在办理未成年人涉嫌犯罪案件中，根据法律规定，把教育、感化、挽救未成年犯罪嫌疑人作为一项重要任务。未成年人心智不成熟，一味单纯打击，容易产生消极影响并造成交叉感染、重新犯罪，因此法律确立了对涉罪未成年人"教育、感化、挽救"的方针和"教育为主、惩罚为辅"的原则。但这并不意味着对涉罪未成年人一律从宽处罚，甚至不追究，在对未成年人轻微犯罪依法从宽处理的同时，对未成年人严重犯罪依法惩治也是一种教育。而且无论对未成年人如何处理，都积极开展帮教工作，既不能不教而轻，也不能不教而罚。

本案中，检察机关通过惩防兼治、分级处遇、化解矛盾等措施，将帮助教育工作贯穿办案全程。一方面通过监督立案、追诉，依法惩治校园欺凌犯罪。检察机关不仅对移送的涉罪未成年人和成年人提起公诉，还建议追诉1名未成年人，既有效地对涉罪人员进行惩罚，也有力地保护未成年受害人权益。另一方面对涉罪未成年人，充分考虑其身心发育特殊性，结合其犯罪情节、认罪悔罪态度给予不同轻重的处理。同时根据各被告人涉罪原因、不良行为等制定针对性的观护方案，明确家长的监护职责，联合社工开展全程帮教。这种惩戒和帮教相结合的处罚方式取得了很好的效果，体现了检察机关办理未成年人犯罪案件的职责任务。

相关法律

《中华人民共和国刑事诉讼法》

第二百七十七条第一款　对犯罪的未成年人实行教育、感化、挽救的方针，坚持教育为主、惩罚为辅的原则。

《中华人民共和国预防未成年人犯罪法》

第四十四条第一款　对犯罪的未成年人追究刑事责任，实行教育、感化、挽救方针，坚持教育为主、惩罚为辅的原则。

53.保护救助未成年被害人

检察职能

检察机关在办理侵害未成年人犯罪案件中,采取适合未成年被害人身心特点的办案程序,同时向未成年被害人提供专业的救助和支持,避免给未成年被害人造成二次伤害,尽力帮助他们摆脱困境。

案例故事

高某某监护侵害案

2017年,某地检察机关在办理高某某侵害亲生儿女案件时,发现3名未成年被害人身心遭受严重伤害,案发后先后投奔在深圳打工的母亲。

在依法严厉指控高某某犯罪行为的同时,办案检察院委托深圳市检察院开展异地救助帮扶工作。深圳市检察机关受委托后立即走访被害人,了解当前生活状况及迫切需求,联合"点亮心光"社会工作服务中心组建救助团队,对被害人开展心理救助。针对被害人无学可上的困境,检察机关为被害人分别联系了学校,并协调做好学费减免工作。目前,未成年被害人的学习、生活状态良好,逐步走出心理阴影,重拾了对生活的信心。

专业解读

未成年人被犯罪侵害后,身心会受到极大影响。根据未成年人利益最大化原则要求,检察机关在准确有力惩治犯罪的同时,也要重点关心爱护未成年被害人，充分发挥检察职能，尽最大努力维护他们的合法权益，帮助他们尽快摆脱犯罪所带来的不良影响，顺利回归社会。

近年来，检察机关针对办案中存在的反复询问、不当询问被害人，容易给被害人造成再次伤害的问题，推行"一站式询问"制度，要求在询问未成年被害人时做好预案，进行同步录音录像，确保在整个诉讼过程中原则上只询问一次。询问要在环境轻松、温馨、具有心理干预等功能的专门办案区以合适的方式进行，以缓解未成年被害人的紧张情绪。目前，全国检察机关已经建立"一站式询问"办案区323个。

同时，坚持与办案同步对未成年被害人进行司法救助。2018年年初，最高人民检察院下发《关于全面加强未成年人国家司法救助工作的意见》，要求采取法律、经济、心理、教育等多种方式救助未成年被害人，帮助未成年被害人及其家庭渡过难关。

相关法律

《人民检察院办理未成年人刑事案件的规定》

第十二条第二款　人民检察院应当充分维护未成年被害人的合法权益。对符合条件的被害人，应当及时启动刑事被害人救助程序，对其进行救助。对于未成年被害人，可以适当放宽救助条件、扩大救助的案件范围。

《最高人民检察院未成年人刑事检察工作指引(试行)》

第七十四条　人民检察院应当充分维护未成年被害人的合法权益，协调相关部门，综合运用司法救助、心理救助、社会救助等多种方式和手段，帮助其健康成长。

54. 综合保护未成年人合法权益

检察职能

检察机关充分发挥刑事、民事、行政和公益诉讼检察等职能，更加全面有效地保护未成年人合法权益。

案例故事

陈某某生产、销售不符合安全标准食品侵害学生案

2017年2月底至4月期间，陈某某在生产红糖馒头过程中，非法添加食品添加剂"甜蜜素"超过安全标准40倍，并主要向附近中学的学生销售。检察机关认为，陈某某的行为涉嫌犯罪，依法应当追究其刑事责任，同时，其行为还违反了《食品安全法》《侵权责任法》等有关规定，侵犯了众多未成年人的合法权益，应承担相应的民事侵权责任，遂向法院提起刑事附带民事公益诉讼。法院经审理以陈某某犯生产、销售不符合安全标准的食品罪判处其拘役2个月，并处罚金5000元；同时判处其支付赔偿金2万元。

专业解读

除刑事领域外，未成年人利益最大化原则也同样要体现在民事、行政等领域。实践中，一些未成年人走上违法犯罪道路或者受到违法犯罪的侵害，往往是由于未成年人的民事、行政权利没有得到有效保障。只有综合发挥检察机关刑事、民事、行政和公益诉讼检察等职能作用，才能更全面地维护未成年人合法权益，更有效地预防未成年人犯罪。

2018年年初,最高人民检察院决定在全国部分省(区、市)部署开展未成年人民事行政检察、刑事执行检察集中由未检部门统一办理试点,加强对未成年人权益的全面综合司法保护。试点地方检察机关办理了一批监护侵害、监护缺失、抚养费、赔偿费、教育权等未成年人民事行政案件,并探索开展未成年人权益公益诉讼检察工作,综合运用各项检察职能,积极维护未成年人民事、行政权益,努力消除未成年人违法犯罪成因,取得了明显成效。

相关法律

《中华人民共和国民事诉讼法》

第五十五条第二款 人民检察院在履行职责中发现破坏生态环境和资源保护、食品药品安全领域侵害众多消费者合法权益等损害社会公共利益的行为,在没有前款规定的机关和组织或者前款规定的机关和组织不提起诉讼的情况下,可以向人民法院提起诉讼。前款规定的机关或者组织提起诉讼的,人民检察院可以支持起诉。

55. 预防涉未成年人犯罪

检察职能

检察机关通过履行法律监督职能，积极参与社会综合治理、未成年人法治教育等工作，推动健全完善未成年人保护机制制度，有效预防有关犯罪案件的发生。预防涉未成年人犯罪，主要指预防未成年人犯罪和预防侵害未成年人犯罪。

案例故事

吴某某引诱幼女卖淫、引诱、介绍卖淫案

2015年8月至10月，吴某某以物质诱惑、言语威胁等方式，先后拉拢多名未成年在校女生参与卖淫。2016年，检察机关依法对吴某某涉嫌引诱幼女卖淫罪，引诱、介绍卖淫罪提起公诉，使吴某某受到法律制裁。在办案中，检察机关发现涉案学校安全自护等课程缺失、校园保卫制度执行不到位，部分宾馆不按规定执行住宿和会客登记制度、部分网吧违规接纳并留宿未成年人，遂于2017年提出了应当高度重视相关情况并完善监管的检察建议。检察建议得到当地党委政府高度重视，推动教育、公安、文化等相关职能部门依法履行监管职责和法定义务，开展了校园安全专项治理行动。在专项行动中，2名学校校长被免职，40余家旅馆、洗浴场所和10余家网吧被依法查处整顿，3家黑网吧被关停，及时清除了影响未成年人身心健康和诱发未成年人犯罪的社会隐患，净化了未成年人成长环境，取得积极的社会效果。

专业解读

预防未成年人犯罪和预防侵害未成年人犯罪案件的发生,是对未成年人最好的司法保护。犯罪预防是未成年人检察工作的一项重要职能和特殊业务。一方面,在办案中发现可能存在的侵害未成年人合法利益的安全隐患和制度漏洞,充分发挥检察机关法律监督职能作用,积极推动健全完善未成年人保护机制制度。如近年来,针对性侵未成年人犯罪多发易发的情况,部分地方检察机关联合当地相关部门建立性侵未成年人犯罪信息登记、查询和职业禁入制度,有效防止有性侵未成年人犯罪前科的人进入教育行业,从源头上减少再犯可能。针对侵害未成年人案件发现难、查处难的问题,部分地方检察机关联合相关部门建立侵害未成年人犯罪强制报告制度、安全困境儿童报告员制度,确保及时有效打击相关犯罪。另一方面,通过积极履行"谁执法谁普法"的普法责任,加强以案释法、校园普法,切实提高未成年人及其家长、老师的法治意识、自护意识,切实增强预防犯罪的效果。

2016年,最高人民检察院联合教育部启动为期三年的全国"法治进校园"巡讲活动,把校园欺凌、性侵、网络安全等案例故事制作成课件,开展生动的法治教育、自护教育,提高未成年人的法治观念和法律意识。2018年秋季开学第一天,最高人民检察院张军检察长还受聘担任北京市第二中学法治副校长,为在校学生讲了开学第一堂法治课。目前,全国各地已有约1800名检察长担任了中小学校法治副校长。2017年开始,最高人民检察院连续两年联合中央广播电视总台制作未成年人法治教育系列节目《守护明天》,融检察官主讲、情景再现、专家访谈为一体,深入剖析个案背后的深层次原因,有针对性提出意见建议,提升了未成年人法治宣传教育工作品质和覆盖面,受到社会广泛欢迎。

相关法律

《中华人民共和国预防未成年人犯罪法》

第三条 预防未成年人犯罪,在各级人民政府组织领导下,实行综合治理。

政府有关部门、司法机关、人民团体、有关社会团体、学校、家庭、城市居民委员会、农村村民委员会等各方面共同参与,各负其责,做好预防未成年人犯罪工作,为未成年人身心健康发展创造良好的社会环境。

《最高人民检察院未成年人刑事检察工作指引(试行)》

第七条 人民检察院未检部门实行捕、诉、监、防一体化工作模式,同一个检察官或者检察官办案组负责同一刑事案件的审查逮捕、审查起诉、诉讼监督和犯罪预防等工作,以利于全面掌握未成年人案件情况和未成年人身心状况,有针对性地开展帮助、教育,切实提高工作质量和效果。

控告申诉检察

56. 受理办理群众控告、申诉

检察职能

检察机关依法对控告人、申诉人提出的控告申诉事项进行审查,认为符合检察机关受理条件,且提供材料齐备的,予以受理。

案例故事

39户农民民事执行违法申请监督案

2018年3月,某村39户农民到检察机关上访,反映法院执行民事调解协议存在不作为情形。检察机关对上访申诉群众进行了接待并初步查明,2014年,该39户农民因农药污染事件对李某提起诉讼,经法院调解,李某同意支付赔偿款10万余元。李某一直未履行调解协议,39户农民于2015年7月向法院申请强制执行,但始终没有进展。

检察机关经审查认为,该申请监督事项符合民事诉讼监督案件受理条件,农民的合法权益应当受到保护,遂决定予以受理。检察机关在调查核实后,向法院提出检察建议,督促尽快执行此案。法院采纳了检察建议,很快将10万余元赔偿款执行到位并全部发放给39户农民。

专业解读

顺畅控告申诉案件入口是解决人民群众"申诉难""立案难"的最直接、最基本的举措。检察机关一直致力于畅通群众通道,便利群众控告申诉,保障群众诉权,目前已经建成了信、访、网、电四位一体的控告申诉渠道。群众可以通过写信、到检察院信访接待场所走访、登录12309检察服务中心网站、拨打12309热线电话提出法律诉求、咨询法律问题或者查询案件办理情况。群众还可以通过当地检察机关或12309网站申请远程视频接访，不离当地就能与上级检察机关直接对话、反映诉求、提交证据。

人民群众向检察机关提出的控告申诉，进行统一审查受理。及时按照事项的性质、类别和管辖规定进行初步审查，对属于本院管辖又符合受理条件，而且材料齐备的，依法受理并导入相应法律程序；对属于检察机关受理案件范围但不属于本院管辖的，引导控告人、申诉人向有管辖权的检察机关反映，或者将控告申诉转送有管辖权的检察机关；对不属于检察机关管辖的，告知控告人、申诉人向有关机关反映。

相关法律

《人民检察院受理控告申诉依法导入法律程序实施办法》

第十条　人民检察院依法管辖下列控告申诉：

……

（二）诉讼监督事项

1. 不服公安机关刑事处理决定，反映公安机关侦查活动有违法情况，要求人民检察院实行法律监督，依法属于人民检察院管辖的；

2. 不服人民法院生效判决、裁定、调解书，以及人民法院赔偿委员会作出的国家赔偿决定，反映审判人员在审判程序中存在违法行为，以及反映人民法院刑罚执行、民事执行和行政执行活动存在违法情形，要求人民检察院实行法律监督，依法属于人民检察院管辖的。

……

57.受理线索举报

检察职能

检察机关依法受理破坏生态环境和资源保护、食品药品安全等损害社会公共利益等案件，以及对诉讼活动中司法工作人员利用职权实施的非法拘禁、刑讯逼供、非法搜查等侵犯公民权利、损害司法公正的犯罪的举报。

案例故事

某村村民环境污染线索举报案

2017年9月，某村村民到检察机关集体访，反映大量污水向该村排放，造成耕地污染，农田大面积欠收，要求检察机关查处。检察机关根据村民举报，立即开展初核，通过实地走访、查看，发现美神农牧有限公司经营的生猪养殖场大量排放污水，已对环境、农民生产生活造成明显损害，当地近100亩耕地因污染造成土壤过肥无法耕种。检察机关根据调查结果向环保部门发出检察建议书。环保部门迅速行动，责令美神农牧有限公司整改。检察机关将调查结果及环保部门采取的整改措施答复村民，村民们非常满意。

专业解读

群众举报是检察机关获取侵害公共利益线索的重要渠道和来源。为进一步加强对国家利益和社会公共利益的保护，促进行政机关严格执法、依法行政，一些地方检察机关探索建立专门的公益诉讼举报中心，依法受理公益损害事项的举报，还配套出台了公益诉讼线索举报奖励办法，统一公益诉讼举报电话，运用12309检察热线受理举报线索，推广"公益眼""随手拍"等移动实时在线举报平台。有的地方还建立公益诉讼巡查制度，赴辖区内化工企业密集区、环境污染高发区、盗伐滥伐盗采滥采各类资源重灾区开展月度巡查和随机巡查。巡查中发现的问题，及时向行政机关反馈，并督促行政机关依法履行职责。还有的地方建立公益损害观察员制度，从污染多发地区群众、媒体人、社会综治网格员、社区和相关行业中选聘热心人士担任公益损害观察员，走专群结合路线，拓宽线索发现渠道，鼓励和引导公众积极参与。

相关法律

《人民检察院举报工作规定》

第三十条 举报中心对接收的举报线索，应当确定专人进行审查，根据举报线索的具体情况和管辖规定，自收到举报线索之日起七日以内作出以下处理：

（一）属于本院管辖的，依法受理并分别移送本院有关部门办理；属于人民检察院管辖但不属于本院管辖的，移送有管辖权的人民检察院办理。

（二）不属于人民检察院管辖的，移送有管辖权的机关处理，并且通知举报人、自首人；不属于人民检察院管辖又必须采取紧急措施的，应当先采取紧急措施，然后移送主管机关。

（三）属于性质不明难以归口的，应当进行必要的调查核实，查明情况后三日以内移送有管辖权的机关或者部门办理。

58. 维护诉讼权利行使

检察职能

检察机关对律师等辩护人或诉讼代理人提出的公安机关、人民检察院、人民法院及其工作人员阻碍其依法行使诉讼权利的行为，依法予以监督。

案例故事

某县公安局阻碍律师执业权利案

2018年3月，律师夏某某到检察机关控告某县公安局书面通知县看守所不准其代理的犯罪嫌疑人唐某某会见任何人。检察机关受理该控告后，立即向县公安局和看守所了解情况。经核实，某县公安局不允许任何人会见犯罪嫌疑人唐某某的理由是，唐某某涉嫌职务侵占罪，有串供的可能。

检察机关审查认为，唐某某所涉犯罪案件不属于法律规定的限制会见的范围，公安机关不允许犯罪嫌疑人会见违反了刑事诉讼法规定。检察机关当即向公安机关提出纠正意见，要求依法尽快安排辩护律师会见。夏某某向检察机关反映问题的第二天，其就被安排会见了犯罪嫌疑人唐某某。

专业解读

"辩护是上帝给人类最大的恩惠。"辩护制度如果不建立在程序公正的基础上，就无法得到全面而彻底的保障。刑事诉讼中，对于诉讼当事人而言，辩护权是其诉讼权利最为基本的权利，辩护人和诉讼代理人在法庭上发表的辩论意见，是对诉讼当事人辩护权的保障和拓展，也是对诉讼当事人自行行使辩护权不充分的弥补。因此，保护辩护人、诉讼代理人的诉讼权利，其本质在于保障诉讼当事人的合法权益，对于实现控辩双方平衡和维护司法公正具有重要的现实意义。

辩护律师同在押的犯罪嫌疑人、被告人会见和通信，是刑事诉讼法明确规定的律师执业权利，也是当事人基本的诉讼权利。辩护人、诉讼代理人认为公安机关、人民检察院、人民法院及其工作人员阻碍其依法行使诉讼权利的行为的，可以向同级或者上一级人民检察院控告申诉。之所以赋予检察机关这项职权，原因在于检察机关法律监督的宪法定位，充分发挥检察机关的法律监督职能，能够更有效地依法保障诉讼当事人的诉权。

相关法律

《中华人民共和国刑事诉讼法》

第四十九条　辩护人、诉讼代理人认为公安机关、人民检察院、人民法院及其工作人员阻碍其依法行使诉讼权利的，有权向同级或者上一级人民检察院申诉或者控告。人民检察院对申诉或者控告应当及时进行审查，情况属实的，通知有关机关予以纠正。

59.刑事申诉案件办理

检察职能

当事人对人民检察院诉讼终结的刑事处理决定或者人民法院已经发生法律效力的刑事判决、裁定不服,向检察机关提出申诉,检察机关依照法律规定,对管辖的刑事申诉案件进行受理、审查、复查并作出决定。

案例故事

陈满刑事申诉案

1992年12月25日,海南省海口市振东区某村109号发生火灾。海口市消防中队灭火过程中发现室内有一具尸体,立即向公安机关报案。海口市公安局调查后确定,死者是居住在109号的钟某,曾经在此处租住的陈满有重大作案嫌疑。同年12月28日,公安机关将陈满抓获。1993年9月,海口市人民检察院将陈满批准逮捕。1993年11月,海口市人民检察院以涉嫌故意杀人罪对陈满提起公诉。

1994年11月,海口市中级人民法院以故意杀人罪判处陈满死刑,缓期2年执行,剥夺政治权利终身;以放火罪,判处有期徒刑9年;决定执行死刑,缓期2年执行,剥夺政治权利终身。海口市人民检察院以判决量刑过轻为由提出抗诉。海南省高级人民法院驳回抗诉,维持原判。

判决生效后,陈满的父母提出申诉。2001年11月,海南省高级人民法院经复查驳回申诉。陈满的父母仍不服,向海南省人民检察院提出申诉。海南省人民检察院经审查,认为申诉人的申诉理由不成立,不符合立案复查条件。陈满不服,向最高人民检察院提出申诉。

最高人民检察院复查认为，原审判决据以定案的证据不确实、不充分，认定陈满故意杀人、放火的事实不清，证据不足。2015年2月10日，最高人民检察院按照审判监督程序向最高人民法院提出抗诉。经最高人民法院作出决定，浙江省高级人民法院再审此案。2016年1月，浙江省高级人民法院作出再审判决，撤销原审裁判，改判陈满无罪。

专业解读

刑事申诉案件办理是典型的法律监督业务，是司法救济程序的重要环节，是维护司法公正和公民合法权益的最后"屏障"，也是直接依靠群众实施法律监督和实行内部制约的检察业务工作，承担着监督制约、权利救济、矛盾化解等多重职能，对于维护人民群众合法权益、维护社会和谐稳定和社会公平正义具有重要作用。

对检察机关来说，受理和办理刑事申诉案件，是依法履行法律监督职责，保护人民群众合法权益的重要方面，也是联系群众，体察社情民意的重要窗口；对人民群众来说，依法提出刑事申诉，是保障自身权益，监督办案机关司法活动的重要方式。

相关法律

《中华人民共和国刑事诉讼法》

第二百五十二条 当事人及其法定代理人、近亲属，对已经发生法律效力的判决、裁定，可以向人民法院或者人民检察院提出申诉，但是不能停止判决、裁定的执行。

60. 刑事申诉异地审查

检察职能

最高人民检察院打破原有地域管辖界限，将省级人民检察院受理的刑事申诉案件，指定交由与最初作出生效刑事裁判的人民法院、作出诉讼终结刑事处理决定的省级人民检察院不同的其他省级人民检察院审查办理。

案例故事

李某红刑事申诉案

2007年12月，李某某因涉嫌故意杀人罪被逮捕。2008年3月，新疆生产建设兵团人民检察院农二师分院以故意杀人罪向法院提起公诉，法院于2008年7月作出判决，以犯故意杀人罪判处李某某死刑，缓期2年执行，剥夺政治权利终身。宣判后，李某某在法定期限内提出上诉后又撤回上诉，农二师分院提出抗诉，后认为抗诉不当，撤回抗诉。新疆维吾尔自治区高级人民法院于2008年11月7日作出刑事裁定书，核准上述判决。

李某某服刑期间不服原审裁判，向法院提出申诉。法院于2011年7月作出驳回申诉通知书，认定其申诉理由不能成立，原审裁定应予维持，驳回其申诉。李某某之妹李某红以原审裁判认定事实不清、证据不足，原审判决认定李某某故意杀人作案时间、第一现场、作案工具、被告人死亡时间得不到相关证据印证为由，向新疆维吾尔自治区人民检察院提出申诉，该院于2016年11月30日立案复查。

2018年5月，申诉人李某红向最高人民检察院提出异地审查申请。2018年6月，最高人民检察院决定将李某某故意杀人申诉案指令由云南省人民检察院审查。

专业解读

刑事申诉案件异地审查是刑事申诉案件属地管辖的例外情形，是对近年来检察机关监督纠正冤假错案工作经验的总结提升，对于检察机关进一步加强重大刑事申诉案件办理具有重要意义。第一，有利于统一当前各地对异地审查认识和做法分歧，进一步规范刑事申诉案件异地审查工作。有利于破除重大冤假错案监督纠正工作中的不当干扰和阻力，增强检察机关在纠防冤假错案中的合力，进一步完善纠防冤假错案工作机制。第二，有利于发挥最高人民检察院领导全国检察机关的体制优势，强化最高人民检察院在重大刑事申诉案件办理中的司法责任，进一步凸显检察机关在重大刑事申诉案件办理中的积极作为。第三，有利于保障当事人正确理性表达诉求、依法行使申诉权利、有效化解矛盾纠纷，进一步加强对申诉人合法权益的保障。

相关法律

《人民检察院刑事申诉案件异地审查规定（试行）》

第二条　最高人民检察院发现省级人民检察院管辖的刑事申诉案件原处理决定、判决、裁定有错误可能，且具有下列情形之一的，经检察长或者检察委员会决定，可以指令由其他省级人民检察院进行审查：

（一）应当受理不予受理或者受理后经督促仍拖延办理的；

（二）办案中遇到较大阻力，可能影响案件公正处理的；

（三）因存在回避等法定事由，当事人认为管辖地省级人民检察院不能依法公正办理的；

（四）申诉人长期申诉上访，可能影响案件公正处理的；

（五）其他不宜由管辖地省级人民检察院办理的情形。

第四条　申诉人可以向省级人民检察院或者最高人民检察院申请异地审查。

61. 刑事申诉案件公开审查

检察职能

检察机关在办理刑事申诉案件过程中,根据办案工作需要,采取公开听证以及其他公开形式,依法公正处理案件。

案例故事

高某刑事申诉案

2016年10月,高某到公安机关报案称房某诈骗其200万元,公安机关以房某涉嫌诈骗罪向检察机关移送审查起诉。2018年6月,检察机关对房某作出(存疑)不起诉决定。高某不服,提出申诉,检察机关决定立案复查。该案争议的焦点是:房某是否以虚假身份和隐瞒挂靠事实的方法,非法占有申诉人高某的200万元工程款,是否构成犯罪。

2018年11月,检察机关举行高某刑事申诉案公开审查听证会,申诉人及其代理人、原案承办人、复查案件承办人以及5位来自不同领域的听证员参加了听证,部分全国、省、市、县人大代表、专家学者、企业家观摩听证会。经听证调查和听证辩论,5位听证员一致认为本案现有证据只能证明房某不还款是对合同的履行问题,不构成非法占有故意,检察机关对房某作出不起诉决定是正确的。办案检察官表示,检察机关将以事实为依据,以法律为准绳,依照全面、客观、公正的办案原则,结合听证评议意见,依法作出复查决定。

专业解读

刑事申诉案件公开审查是检察机关吸收、借鉴司法听证制度的合理内容,在实践中不断探索、逐步完善的一项法律制度,是采用公开办案的模式,让当事人参与其中,请第三方见证,以"看得见"的方式实现程序公正,以程序公正促进实体公正,其目的是主动接受外部监督,充分听取听证各方意见,客观真实地查明事实、核实证据,达到兼听则明、提高司法公信的效果,从而更好地维护当事人的合法权益,最大限度地实现司法的公平和正义。

公开审查包括公开听证、公开示证、公开论证和公开答复等形式,对同一案件可以采用一种公开审查形式,也可以多种形式并用。检察机关在复查刑事申诉案件时,以"应公开、尽公开"为原则向当事人和社会公开办案过程和办理结果,以公开促公正,以公开赢公信。上述案件公开审查听证会是涉民营企业产权保护的刑事申诉案件公开听证会,是人民检察院对民营企业合法权益有力维护的生动体现。

相关法律

《人民检察复查刑事申诉案件规定》

第四条 人民检察院复查刑事申诉案件,根据办案工作需要,可以采取公开听证、公开示证、公开论证和公开答复等形式,进行公开审查。

《人民检察院刑事申诉案件公开审查程序规定》

第五条 对于案件事实、适用法律存在较大争议,或者有较大社会影响等刑事申诉案件,人民检察院可以适用公开审查程序,但下列情形除外:
(一)案件涉及国家秘密、商业秘密或者个人隐私的;
(二)申诉人不愿意进行公开审查的;
(三)未成年人犯罪的;
(四)具有其他不适合进行公开审查情形的。

62. 刑事赔偿

检察职能

国家对行使侦查、检察、审判、监管职权的机关及其工作人员在行使职权时侵犯公民、法人和其他组织的合法权益造成损害给予的赔偿。检察机关作为赔偿义务机关，应当依照国家赔偿法及时履行赔偿义务。

案例故事

李某某刑事赔偿案

李某某因涉嫌故意杀人罪于2013年3月被公安机关刑事拘留。随后，检察机关对李某某批准逮捕。2013年5月，公安机关将该案移送检察机关审查起诉。2013年9月，检察机关以李某某涉嫌故意杀人罪向法院提起公诉。因案件复杂，该案审理多次延期。2016年1月13日，法院以事实不清、证据不足判决李某某无罪，同日李某某被看守所释放。2016年1月19日，检察机关对该案提起抗诉。2017年1月，法院驳回抗诉，维持原判。

2018年5月，赔偿请求人李某某以检察机关对其批准逮捕，但经法院判决无罪为由，向检察机关提出刑事赔偿申请，请求支付被羁押1034日的人身自由权损害赔偿金29万余元及精神损害抚慰金20万元。检察机关与李某某就精神损害抚慰金赔偿项目及赔偿数额等进行协商并达成一致意见。2018年7月，检察机关作出刑事赔偿决定书，决定支付李某某人身自由权赔偿金294421.16元，支付李某某精神损害抚慰金5万元。随后，赔偿金、抚慰金全部支付到位。

专业解读

刑事赔偿由刑事司法机关及其工作人员的侵权行为引起，具体的赔偿义务由国家赔偿法规定的赔偿义务机关履行，从而保障公民的人身自由权、生命健康权。公民及法人、其他组织的财产权不受任何非法侵犯，体现了以人民为中心，对人民群众基本权利的保护，对于维护社会公平正义，实现中国特色社会主义法律制度的价值目标具有重要作用。

上述案件中，检察机关认真贯彻落实国家赔偿法，坚持该赔即赔、依法赔偿的理念，积极支持赔偿请求人依法行使刑事赔偿请求权，畅通赔偿请求渠道，依法赔偿、及时执行到位，有效保障了赔偿请求人合法权益。

相关法律

《中华人民共和国国家赔偿法》

第二条　国家机关和国家机关工作人员行使职权，有本法规定的侵犯公民、法人和其他组织的合法权益的情形，造成损害的，受害人有依照本法取得国家赔偿的权利。

本法规定的赔偿义务机关，应当依照本法及时履行赔偿义务。

第十七条　行使侦查、检察、审判职权的机关以及看守所、监狱管理机关及其工作人员在行使职权时有下列侵犯人身权情形之一的，受害人有取得赔偿的权利：……

第三十五条　有本法第三条或者第十七条规定情形之一，致人精神损害的，应当在侵权行为影响的范围内，为受害人消除影响，恢复名誉，赔礼道歉；造成严重后果的，应当支付相应的精神损害抚慰金。

63. 对人民法院赔偿委员会决定的监督

检察职能

检察机关对人民法院赔偿委员会作出的刑事赔偿决定和民事、行政诉讼赔偿决定是否合法进行的专门法律监督。

案例故事

某房地产有限公司申请国家赔偿案

某房地产有限公司（以下简称房地产公司）于1993年经城市规划和国土部门批准，征用了土地建设商品房项目恒仕大厦。1997年至1998年间，奥力经济发展有限公司（以下简称奥力公司）两次与该房地产公司签订合同，约定由房地产公司将上述建设项目转让给奥力公司。2002年，房地产公司与奥力公司签订终止原转让合同的协议书。国土和房管部门于2004年对建成的恒仕大厦进行了不动产登记，将大厦内的房产全部登记为房地产公司所有。2006年，法院在对奥力公司作为被执行人的两宗民事案件进行执行过程中，查封了登记在房地产公司名下的恒仕大厦内的5套房产。房地产公司对此提出执行异议，以被查封的房产为房地产公司财产而非奥力公司财产为由，请求法院解除查封。法院驳回了房地产公司的异议，对被查封的房产进行了公开拍卖，并将拍卖价款400余万元支付给了两宗执行案件的申请执行人，而被拍卖的房产亦已从房地产公司名下过户登记为其他案外人所有。

房地产公司于2009年至2011年间，多次向法院申请确认查封、拍卖行为违法。法院最终确认查封、拍卖行为违法。房地产公司于2011年10月、2012年1月，两次向法院申请国家赔偿，法院赔偿委员会决定驳回房地产公司的赔偿申请，不予赔偿。房地产公司不服，于2012

年10月向检察机关提出监督申请。

检察机关立案审查后认为,法院赔偿委员会作出的赔偿决定属于法律适用错误,于2013年6月向法院赔偿委员会提出意见,要求对原赔偿案件进行重新审查。法院赔偿委员会重新审查后,采纳了检察机关监督意见,认为原赔偿决定确属适用法律错误,于2013年10月重新作出赔偿决定,撤销原赔偿决定,决定向房地产公司赔偿拍卖款。

专业解读

司法赔偿是诉讼活动的延伸,对法院赔偿委员会作出的决定依法进行监督,是检察机关履行法律监督职责的必然要求,也一定程度上关系到对前期诉讼行为合法性的审查判断。对于赔偿请求人或者赔偿义务机关不服人民法院赔偿委员会作出的刑事赔偿决定或者民事、行政诉讼赔偿决定,向人民检察院提出申诉的,人民检察院应当受理。检察机关通过对司法赔偿决定实行法律监督,可以有效发现赔偿决定中存在的违法情况,进一步深化对前期诉讼活动的法律监督;对于合法的赔偿决定,检察机关予以维护,积极做好当事人的息诉工作,可以保障法律的正确实施,支持法院赔偿委员会依法行使职权。

上述案例中,检察机关依法监督纠正法院赔偿委员会违法的赔偿决定,为当事人挽回了因法院错误民事执行造成的巨额经济损失,同时也促使法院依法规范行使民事执行权和国家赔偿审理权,取得了良好监督效果。

相关法律

《中华人民共和国国家赔偿法》

第三十条第三款 最高人民检察院对各级人民法院赔偿委员会作出的决定,上级人民检察院对下级人民法院赔偿委员会作出的决定,发现违反本法规定的,应当向同级人民法院赔偿委员会提出意见,同级人民法院赔偿委员会应当在两个月内重新审查并依法作出决定。

64. 国家司法救助

检察职能

检察机关在办理案件过程中，对遭受犯罪侵害或民事侵权，无法通过诉讼获得有效赔偿，生活面临急迫困难的当事人，采取辅助性救济措施。

案例故事

叶某司法救助案

2016年6月18日晚，某村村民朱某被人杀害，经公安机关侦查，朱某同乡张某有重大犯罪嫌疑。该案移送检察机关审查起诉，检察机关经审查认为该案事实不清、证据不足，遂作出不起诉决定。朱某家属叶某向检察机关提出申诉，检察院依法立案复查后作出维持原不起诉决定的刑事申诉复查决定。

在办理申诉案件过程中，检察机关办案人员实地调查发现，叶某家中有老人、未成年孩子需要照顾，朱某被害后家中没有生活来源，仅靠当地政府给予的低保维持生活，家庭经济十分困难，且无法通过诉讼获得有效赔偿，符合国家救助条件。检察机关启动三级联合救助，2018年10月，省、市、县三级检察机关分别向叶某发放国家司法救助金10万元、3万元、3万元。

专业解读

国家司法救助是在相关法律制度尚未建立的特殊时期，对特定当事人采取的辅助性救济措施，对于能够通过诉讼获得赔偿、补偿的，一般应当通过诉讼渠道予以解决；通过社会救助措施，已经得到合理补偿、救助的，一般不再给予司法救助。2016年8月，最高人民检察院制定出台《人民检察院国家司法救助工作细则（试行）》，明确规定了检察机关进行国家司法救助的对象、范围和救助资金保障、管理等内容。检察机关开展国家司法救助，是贯彻落实党中央精神和宪法规定的具体体现，是中国特色社会主义司法制度的内在要求，也是改善民生、健全社会保障体系的重要组成部分。

上述案件中，三级检察机关主动作为，联动救助，有效解决当事人实际生活困难，帮助其及时恢复正常生活，既彰显了党和政府的民生关怀，又进一步实现了社会公平正义。

相关法律

《人民检察院国家司法救助工作细则（试行）》

第七条　救助申请人符合下列情形之一的，人民检察院应当予以救助：

（一）刑事案件被害人受到犯罪侵害致重伤或者严重残疾，因加害人死亡或者没有赔偿能力，无法通过诉讼获得赔偿，造成生活困难的；

（二）刑事案件被害人受到犯罪侵害危及生命，急需救治，无力承担医疗救治费用的；

（三）刑事案件被害人受到犯罪侵害致死，依靠其收入为主要生活来源的近亲属或者其赡养、扶养、抚养的其他人，因加害人死亡或者没有赔偿能力，无法通过诉讼获得赔偿，造成生活困难的；

（四）刑事案件被害人受到犯罪侵害，致使财产遭受重大损失，因加害人死亡或者没有赔偿能力，无法通过诉讼获得赔偿，造成生活困难的；

（五）举报人、证人、鉴定人因向检察机关举报、作证或者接受检察机关委托进行司法鉴定而受到打击报复，致使人身受到伤害或者财产受到重大损失，无法通过诉讼获得赔偿，造成生活困难的；

（六）因道路交通事故等民事侵权行为造成人身伤害，无法通过诉讼获得赔偿，造成生活困难的；

（七）人民检察院根据实际情况，认为需要救助的其他情形。

65.未成年人国家司法救助

检察职能

检察机关专门针对特定案件中符合条件的未成年人,依职权主动开展国家司法救助工作,保障未成年人的合法权益,切实促进未成年人健康成长。

案例故事

黄某培、黄某林国家司法救助案

2018年4月,苟某某搭乘钱某某驾驶的摩托车,因摩托车在弯道处车速过快,苟某某被甩落在地,致头部严重受伤,经抢救无效死亡。钱某某未对被害人家庭进行民事赔偿。检察机关在审查起诉钱某某过程中了解到,死者苟某某的丈夫黄某已于2017年4月逝世,其子女成为孤儿,家中仅有85岁高龄的奶奶。苟某某死亡后,两个孩子同其姑妈黄某梅一起生活,但没有任何经济来源。检察机关经过审查后,根据两名小孩的个体差异分别给予其女儿黄某培、其儿子黄某林国家司法救助金5000元、1万元。为确保国家司法救助金得到正确、合理使用,检察机关在发放救助金时,要求资金领取人黄某梅当场签订承诺书,承诺不得将国家司法救助金挪作他用。同时,检察机关还与当地党委政府、孩子就读学校一起成立国家司法救助金临时监管小组,共同监督该笔国家司法救助金的使用。

为进一步减轻孩子特别是未成年的黄某林的后顾之忧,检察机关还与民政部门沟通为黄某林发放孤儿补贴,与黄某林就读的学校联系免除其学杂费用。黄某培已进入职高三年级,面临就业,却信心不足，检察机关对其进行开导、鼓舞信心，联系有关部门为其提供就业指导、培训，助其早日自力更生，开始新的生活。

专业解读

2018年2月27日，最高人民检察院印发《关于全面加强未成年人国家司法救助工作的意见》。根据该意见要求，检察机关坚持对未成年人的特殊保护理念，主动开展未成年人国家司法救助工作，及时帮扶因案致困的未成年人，凸显救助效率和效果，为面临生存困境、监护困难和成长障碍的未成年人提供支持，帮助他们解决生活、监护、教育、发展等问题，切实改善未成年人的身心状况、家庭教养和社会环境，保障未成年人的合法权益，促进未成年人健康快乐成长。上述案件中，检察机关通过经济救助、政策帮助、心理疏导、善后安置四位一体的多元化司法救助机制，彰显了检察机关温情。

相关法律

《最高人民检察院关于全面加强未成年人国家司法救助工作的意见》

五、积极开展多元方式救助，提升救助工作实效

未成年人健康快乐成长，既需要物质帮助，也需要精神抚慰和心理疏导；既需要解决生活面临的急迫困难，也需要安排好未来学习成长。检察机关在开展未成年人国家司法救助工作中，要增强对未成年人的特殊、优先保护意识，避免"给钱了事"的简单化做法，针对未成年人的具体情况，依托有关单位，借助专业力量，因人施策，精准帮扶，切实突出长远救助效果。

其他

66.检察建议

> **检察职能**
>
> 检察机关依法履行法律监督职责,参与社会治理,维护司法公正,促进依法行政,预防和减少违法犯罪,保护国家利益和社会公共利益,维护个人和组织合法权益,保障法律统一正确实施。

案例故事

保护未成年人权益检察建议

2018年10月,最高人民检察院向教育部发出《检察建议书》,建议书主要建议教育部有针对性地加强顶层设计,进一步健全完善预防性侵害幼儿园儿童和中小学学生的制度机制,加强对校园预防性侵害相关制度落实情况的监督检查,依法严肃处理有关违法违纪人员。最高人民检察院直接向国务院组成部门发检察建议,在历史上尚属首次。

地方各级人民检察院也积极开展了检察建议工作。例如,福建省福清市人民检察院于2018年3月在办案中发现部分幼儿园系无证办学。经调查核实,发现该市音西街道等7个街道(镇)共有无证幼儿园16所,在园幼儿约1500人,无证幼儿园存在诸多安全隐患。福清市人民检察院分析研究问题后,分别于2018年3月28日与4月初,向福清市教育局及7个相关街道(镇)提出检察建议。建议对符合基本办园要求的无证幼儿园,要主动引导整改,并根据整改情况颁发办学许可证;对无证幼儿园齐抓共管、综合治理,整合各街道(镇)、教育、消防、卫生等多部门力量对无证幼儿园实施动态监管、指导整改以及跟踪落实,形成长效机制;加强科学规划,结合城镇化进程的人口变动情况,引导民办幼儿园合理布局,解决公办幼儿园资源不足问题。检察建议取得良好效果,截至2018年8月底,有3所无证幼儿园经过整改已经通过审批,其他不符合条件的无证幼儿园已全部依法取缔。从无证幼儿园分流出来的幼儿,也都得到妥善安置。

专业解读

最高人民检察院张军检察长指出,"检察建议绝不是发出去就了事,要紧紧盯住效果,监督落实情况","要通过我们的努力,把所谓没有硬性要求的检察建议做成刚性、做到刚性"。

新时代,检察建议"做成刚性、做到刚性",就要使检察建议在督促依法履职,减少、预防违法犯罪,保障法律统一正确实施等方面发挥更大的作用。最高人民检察院向教育部发出的检察建议和福清市人民检察院发出的检察建议,就是检察机关参与社会治理,维护未成年人合法权益的具体体现。

检察建议主要包括再审检察建议、纠正违法检察建议、公益诉讼检察建议、社会治理检察建议、其他检察建议五种类型。

实践中,有些检察建议确实存在石沉大海、被建议单位置之不理的现象。为解决这一问题,检察机关采取了以下举措:一是完善送达程序。检察建议书除传统的书面送达外,检察机关还探索了宣告送达方式,通过在特定场所向被建议单位当面宣读检察建议书并进行示证、说理,同时引入第三方的见证和监督,促进被建议单位对检察建议的接受和采纳。二是建立抄送、报告制度。对于涉及事项社会影响大、群众关注度高、违法情形具有典型性、所涉问题应当引起有关部门重视的检察建议书,可以抄送党委、人大、政府、纪检监察机关和被建议单位的上级机关、行政主管部门以及行业自律组织等。三是强化跟踪督促。加强与被建议单位的沟通联系,及时了解检察建议的采纳和落实情况以及落实过程中存在的问题和困难,积极协助被建议单位完善整改措施,确保检察建议落到实处。

相关法律

《中华人民共和国人民检察院组织法》

第二十一条第一款 人民检察院行使本法第二十条规定的法律监督职权，可以进行调查核实，并依法提出抗诉、纠正意见、检察建议。有关单位应当予以配合，并及时将采纳纠正意见、检察建议的情况书面回复人民检察院。

67.指导性案例

检察职能

最高人民检察院发布对办理类似案件具有指导意义的案例。

案例故事

周辉集资诈骗案

被告人周辉注册成立中宝投资公司并担任法定代表人。公司上线运营"中宝投资"网络平台,借款人(发标人)在网络平台注册、缴纳会费后,可发布各种招标信息,吸引投资人投资。运行前期,周辉通过网络平台为13个发标人提供总金额约170余万元的融资服务,因部分发标人未能还清借款造成公司亏损。此后,周辉除用本人真实身份信息在公司网络平台注册2个会员外,自2011年5月至2013年12月陆续虚构34个发标人,并利用上述虚假身份自行发布大量虚假抵押标、宝石标等,以支付投资人约20%的年化收益率及额外奖励等为诱饵,向社会不特定公众募集资金。所募资金未进入公司账户,全部由周辉个人掌控和支配,除部分用于归还投资人到期的本金及收益外,其余主要用于购买房产、高档车辆、首饰等。这些资产绝大部分登记在周辉名下或供周辉个人使用。2015年8月,一审法院以集资诈骗罪判处被告人周辉有期徒刑15年,并处罚金50万元。周辉提出上诉后,二审法院裁定维持原判。

法律适用要旨:该案明确了网络借贷信息中介机构或其控制人,利用网络借贷平台发布虚假信息,非法建立资金池募集资金,所得资金大部分未用于生产经营活动,主要用于借新还旧和个人挥霍,无法归还所募资金数额巨大的，应认定为具有非法占有目的，以集资诈骗罪追究刑事责任。

叶经生等组织、领导传销活动案

被告人叶经生、叶青松等人成立宝乔网络科技有限公司，以"经销商管理系统网站""金乔网商城网站"作为平台，采取上线经销商会员推荐并交纳保证金发展下线经销商，保证金或购物消费额双倍返利；在全国各地设区域代理，按业绩给予区域代理一定比例提成奖励的方式发展会员。2013年8月，一审法院以组织、领导传销活动罪判处被告人叶经生有期徒刑7年，并处罚金150万元；以组织、领导传销活动罪判处被告人叶青松有期徒刑3年，并处罚金30万元。二被告人提出上诉后，二审法院裁定维持原判。

法律适用要旨：该案明确了组织者或者经营者利用网络发展会员，要求被发展人员以缴纳或者变相缴纳"入门费"为条件获得提成和发展下线的资格，通过发展人员组成层级关系，并以直接或者间接发展的人员数量作为计酬或者返利的依据，引诱被发展人员继续发展他人参加，骗取财物，扰乱经济秩序的，应当以组织、领导传销活动罪追究刑事责任。

专业解读

习近平总书记指出："一个案例胜过一打文件。"党的十八届四中全会通过的《中共中央关于全面推进依法治国若干重大问题的决定》提出："加强和规范司法解释和案例指导，统一法律适用标准。"

2018年，最高人民检察院围绕依法惩防金融犯罪、未成年人权益保护、正当防卫、公益诉讼主题发布第十、十一、十二、十三批指导性案例，并对指导性案例工作思路、体例等进行创新。

最高人民检察院发布指导性案例具有重要意义。一是可以通过指导性案例提炼司法规则，提出完善社会治理对策建议。二是有利于更好地突出以司法办案为中心的要求，强化检察机关法律监督职能。三是有利于规范司法尺度，提高办案质量和效率。四是有利于搭建司法实践与理论研究良性互动的桥梁。五是有利于以案释法开展普法宣传教育。

> **相关法律**

《中华人民共和国人民检察院组织法》

第二十三条第二款 最高人民检察院可以发布指导性案例。

68.列席审判委员会会议

检察职能

检察长或受其委托的副检察长通过列席同级人民法院审判委员会会议,对审判委员会讨论的案件和其他有关议题发表意见,依法履行法律监督职责。

案例故事

首席大检察官列席最高人民法院审判委员会会议

被告人齐某强奸幼女、猥亵幼女一案,法院判决量刑明显过轻。省级人民检察院经审查后,认为该案终审判决确有错误,提请最高人民检察院按照审判监督程序提出抗诉。最高人民检察院经审查,认为该案适用法律错误,量刑不当,应予纠正。

2017年3月,最高人民检察院依照审判监督程序向最高人民法院提出抗诉。2018年6月,最高人民检察院首席大检察官张军检察长依法列席最高人民法院审判委员会会议,对该案发表三点意见:一是最高人民检察院抗诉书认定的齐某犯罪事实、情节符合客观实际。性侵害未成年人犯罪案件具有客观证据、直接证据少,被告人往往不认罪等特点。本案中,被害人家长与原审被告人之前不存在矛盾。被害人陈述及同学证言符合案发实际和儿童心理,证明力强。综合全案证据看,足以排除合理怀疑,能够认定原审被告人强奸、猥亵儿童的犯罪事实。二是原审被告人在女生宿舍猥亵儿童的犯罪行为属于在"公共场所当众"猥亵。考虑本案具体情节,原审被告人猥亵儿童的犯罪行为应当判处10年有期徒刑以上刑罚。三是省高级人民法院二审判决确有错误,依法应当改判。

2018年7月,最高人民法院作出终审判决,认定原审被告人齐某犯强奸罪，判处无期徒刑，剥夺政治权利终身；犯猥亵儿童罪，判处有期徒刑10年；数罪并罚，决定执行无期徒刑，剥夺政治权利终身。

专业解读

检察长列席人民法院审判委员会会议，是法律赋予人民检察院的一项重要法律监督职能。

我国宪法规定，检察机关是国家法律监督机关。在刑事诉讼活动中，检察机关、审判机关是分工负责、互相配合、互相制约的关系。检察长列席法院审判委员会会议是检察机关履行法律监督职责的一种重要形式。通过列席，检察机关可以了解审判机关对法律政策的理解和把握，总结办案工作经验教训，及时发现纠正自身存在的问题，有助于提升法律监督能力。必须认识到，检察机关法律监督工作做得到位，审判工作的成绩也反映检察工作的成绩；反之，审判工作出问题，往往也表明法律监督工作没做到位。检察机关建立与各级法院之间协调、积极的工作关系，履行好法定职责，就能够实现双赢多赢共赢。长期以来，全国各级法院和检察院认真贯彻落实检察长列席审判委员会会议制度，为保证法律统一正确实施、共同维护社会公平正义，发挥了重要作用。

相关法律

《中华人民共和国人民检察院组织法》

第二十六条　人民检察院检察长或者检察长委托的副检察长，可以列席同级人民法院审判委员会会议。

《中华人民共和国人民法院组织法》

第三十八条第三款　审判委员会举行会议时，同级人民检察院检察长或者检察长委托的副检察长可以列席。

69. 检察官以案释法和法律文书说理

检察职能

检察官以案释法，是指检察官对所办理案件的事实认定、法律适用和办案程序等问题进行答疑解惑、释法说理，开展法治宣传教育的活动，包括检察官办案释法和向社会公众以案释法两种方式。

法律文书说理，是指人民检察院在制作检察法律文书时，或者应有关人员请求，对文书所载的处理决定依据的事实、证据、法律、政策等进行分析阐述、解释说明的活动。

案例故事

"我不是药神"原型案：陆勇涉嫌销售假药、妨害信用卡管理案

慢粒性白血病患者陆勇用网购信用卡帮助病友购买印度赛诺公司生产的仿制药，是否构成销售假药、妨害信用卡管理罪等问题存在较大争议。该案经改编为电影《我不是药神》后，社会各界广泛关注、热议不断。

该案基本案情是：某贸易公司法定代表人陆勇于2002年被查出患有慢粒性白血病，需长期服用抗癌药品"格列卫"（瑞士进口，价格为每盒2.35万元）。2004年4月，陆勇建立白血病患者病友网络QQ群方便患者相互交流寻医问药信息。2004年9月，陆勇通过他人从日本购买由印度赛诺公司生产的同类药品，价格约为每盒4000元。之后陆勇直接联系印度赛诺公司购买药物，服用一段时间后觉得疗效好、价格便宜，遂通过QQ群等方式向病友推荐。随着病友间的传播，国内购买者

逐渐增多，药品价格降至每盒200余元。陆勇利用懂英文的特长免费为病友翻译往来资料。因国际汇款程序繁琐、操作难度大，患者向印度赛诺公司提出在中国开设账号便于付款的请求。2013年3月，印度赛诺公司与陆勇商谈，由陆勇管理国内银行账户，统一接收患者购药款后转账至赛诺公司指定账户，赛诺公司根据陆勇收款的名单直接将药邮寄给患者。2013年8月，陆勇网购了3张用他人身份信息开设的银行借记卡，并使用其中1张接收患者购药款。截至案发，共有21名白血病等癌症患者通过3个银行账户向印度赛诺公司购买了价值约12万元的10余种抗癌药品。陆勇为病友提供帮助没有收取任何费用。

该案办理过程中，对陆勇涉嫌销售假药、妨害信用卡管理的行为如何定性处理存在争议。湖南省人民检察院进行研究和讨论后认定：陆勇的行为不以营利为目的，不属于销售行为。湖南省沅江市人民检察院依法对陆勇作出不起诉处理决定。湖南省人民检察院召开新闻发布会，就陆勇案处理过程和结果作出说明，并同步在主流媒体和互联网公开不起诉决定书和释法说理书，得到新闻媒体和网友一致点赞，彰显了司法的温情和对民意的尊重。在该案处理过程中，检察机关通过释法说理明确了司法立场，积极引导社会舆论传递了法治正能量，促进案件处理取得良好效果。

专业解读

新时代，检察官采取多种形式开展以案释法和法律文书说理：一是将以案释法深度融入检察办案各环节，注重在文书中结合案件说理，阐明法理、情理，使处理结论获得当事人和社会各界认可。二是针对一些疑难复杂的不起诉、不抗诉和刑事申诉案件，采取公开审查听证等方式，全面听取当事人、律师等各方面意见。三是结合社会热点案件开展以案释法，回应社会关切。四是结合检察工作采取多种形式加强对社会公众的法治宣传教育。

释法说理工作取得了良好效果。一是进一步贯彻落实了司法责任制要求，规范了检察机关司法办案活动，强化了对检察权行使的监督。二是增强了检察工作透明度，提升了司法公信力，努力让人民群众在每一起案件中都感受到公平正义。三是充分发挥了检察机关在普法宣传教育中的重要作用。

相关法律

《最高人民检察院关于实行检察官以案释法制度的规定》

第一条 为了加强人民群众对人民检察院办案工作的监督,充分保障当事人和其他诉讼参与人合法权利,让人民群众在每一个司法案件中都感受到公平正义,推进法治社会建设,根据中共中央办公厅、国务院办公厅《关于实行国家机关"谁执法谁普法"普法责任制的意见》要求,建立并实行检察官以案释法制度,落实检察环节普法责任制。

第三部分

- 服务保障打好三大攻坚战：防范化解重大风险
- 服务保障打好三大攻坚战：污染防治
- 服务保障打好三大攻坚战：精准脱贫
- 服务保障长江经济带发展
- 服务保障"一带一路"建设
- 着力加强对民营经济的保护
- 加强民生司法保障

70. 服务保障打好三大攻坚战：
防范化解重大风险

> **检察职能**
>
> 检察机关强化法律监督职能，依法惩治和预防各种金融犯罪，有效维护金融安全，服务保障打好防范化解重大风险攻坚战，保障人民群众合法权益。

案例故事

e租宝案

2014年6月至2015年12月，安徽钰诚控股集团、钰诚国际控股集团有限公司以及丁某、张某等26人，控制或组织安徽钰诚融资租赁有限公司等"钰诚系"公司，通过在"e租宝"平台、"芝麻金融"平台发布虚假的融资租赁债权项目、个人债权项目，并通过电视台广告、网络宣传等手段吸引投资人，以"还本付息"为诱饵，向社会公众吸收资金，共吸收115万余名不特定社会人员投资款，累计总额762亿余元，其中重复投资金额为164亿余元。大部分集资款未用于生产经营，而被丁某等人挥霍或用于违法犯罪活动，造成集资款损失380亿余元。

2016年12月15日，北京市人民检察院第一分院对钰诚国际、安徽钰诚两家公司和丁某等10名被告人以涉嫌集资诈骗等罪提起公诉，对其余16人以涉嫌非法吸收公众存款等罪提起公诉。经依法公开审理，2017年9月，法院依法公开宣判，对钰诚国际、安徽钰诚以集资诈骗罪等罪判处罚金，对丁某以集资诈骗罪等罪判处无期徒刑，剥夺政治权利终身，并处没收个人财产和罚金。同时，分别以集资诈骗罪、非法吸收公众存款罪等罪，对张某等24人判处有期徒刑15年至3年不等刑罚，并处剥夺政治权利及罚金。

专业解读

打好防范化解重大风险攻坚战,是党中央作出的重大决策部署。防范化解重大风险,重点是防控金融风险。对于触犯刑法的非法金融机构和非法金融活动,依法追究相关单位和个人的刑事责任,维护金融安全,维护人民群众合法权益,对犯罪分子形成有效震慑,是检察机关为打好防范化解重大风险攻坚战提供司法保障的重要职责。

互联网金融领域的非法集资犯罪是当前惩治的重点之一。近年来,互联网金融在快速发展的同时,出现了野蛮生长的现象,造成金融风险隐患。特别是一些不法分子打着"金融创新"的旗号,未经依法批准,非法从事集资诈骗、非法吸收公众存款等犯罪活动,损害人民群众的利益,造成重大社会危害。"e租宝"集资诈骗案是其中的典型案件。这类案件犯罪手段复杂、形式变化多样,极具欺骗性。检察机关依法针对该类行为实质准确适用法律,依法查办以"金融创新"之名实施的犯罪活动,揭示其违法犯罪本质,既有效打击犯罪,遏制此类犯罪上升势头,也通过查办犯罪和释法说理,提高社会各界的法律意识和风险意识,避免公众陷入非法金融活动的骗局,以实际行动有力维护人民群众的切身合法利益。

71.服务保障打好三大攻坚战：污染防治

检察职能

检察机关依法履行各项法律监督职能，依法打击破坏环境的犯罪活动，对损害环境、侵害公共利益的行为依法提起公益诉讼，有效保护环境，服务保障打好污染防治攻坚战。

案例故事

某公司及黄某群等人污染环境案

2016年7月至2017年5月间，某公司及其相关负责人黄某群、姜某清违反国家关于危险废物管理的规定，将公司产出的酸洗污泥交给无危险废物处置资质的李某红等三人进行非法处置。李某红等三人承接后将上述酸洗污泥共计1071.61吨，非法倾倒在江苏、安徽等地。其中，在安徽省铜陵长江边伙同汪某平等5人倾倒酸洗污泥62.88吨。经鉴定，涉案酸洗污泥系具有毒性特征的危险废物；非法处置的1008.73吨酸洗污泥造成环境损害数额达511万余元；非法倾倒的62.88吨酸洗污泥产生的应急处置、生态环境修复等费用共计139万余元。2017年6月，李某红等人将收集的约313吨废胶木，与汪某平等人倾倒至铜陵江滩边，造成环境污染，产生应急处置费用14万余元。2017年11月，吴某祥伙同他人将9家企业的2525.89吨工业污泥跨省运输并非法倾倒在铜陵江滩边。经鉴定，倾倒的工业污泥及其渗滤液可认定为有毒物质；造成公私财产损失共计794万余元，生态环境修复费用为317万余元。此外，吴某祥等人在2017年11月底，接收了三船共计约2454.72吨有害工业污泥，准备再次倾倒时，被现场查获。经鉴定，船载污泥为有害物质，评估产生应急清理和处置费用约52万余元。

2018年7月,检察机关以被告单位某公司以及被告人黄某群、姜某清、李某红等12人污染环境罪向法院提起公诉。2018年9月,法院公开开庭审理本案,判决以污染环境罪判处被告单位某公司罚金1000万元;判处被告人黄某群、姜某清等人有期徒刑6年至拘役4个月不等,并处罚金。

专业解读

检察机关依法参与和保障打好污染防治攻坚战,推进生态文明建设,既是旗帜鲜明讲政治,以实际行动维护以习近平同志为核心的党中央权威的必然要求,也是积极主动顾大局,服务经济社会发展、保障和改善民生的必然要求。检察机关切实履行刑事检察职能,以"零容忍"态度坚决惩治非法排放、倾倒或者处置有毒有害污染物、非法排放超标污染物的犯罪,篡改伪造环境监测数据、干扰自动检测、破坏环境质量检测系统的犯罪,以及无证为他人处置危险废物、故意提供虚假环境影响评价意见等环境污染犯罪。同时,持续聚焦大气、水、土壤污染防治等领域的重点、难点问题,不断加大公益诉讼办案力度。重点关注协同打赢蓝天保卫战、打好柴油货车污染治理、城市黑臭水体治理、渤海综合治理、长江保护修复、水源地保护、农业农村污染治理等七场标志性重大战役,加强与环境行政监管机关的协调配合,形成行政执法与检察监督保护生态环境的有效衔接,确保保护生态环境"最严密的法治"依法有效运行,推动保护生态环境"最严格的制度"进一步完善,为坚决打好污染防治攻坚战提供有力司法保障。

72.服务保障打好三大攻坚战：精准脱贫

检察职能

检察机关立足检察职能，坚持把服务精准脱贫与扫黑除恶、服务乡村振兴等工作紧密结合起来，推动司法服务与精准脱贫衔接，努力为贫困地区、困难群众提供更优质的检察产品。

案例故事

苏某武、郭某涛等人涉嫌包庇、纵容黑社会性质组织、受贿、贪污案

1997年以来，以狄某民为首的犯罪团伙以暴力、威胁或者其他手段实施犯罪，逐步发展壮大为集抢劫、寻衅滋事、聚众斗殴、敲诈勒索、聚众扰乱社会秩序、强迫交易、强迫劳动、殴打他人等多种违法犯罪于一身的黑社会性质犯罪组织。该犯罪组织在当地某村附近，长期欺压群众，称霸一方，把持当地基层政权选举，严重破坏了当地政治、经济和社会生活秩序。当地县扶贫办原主任苏某武，纪委党风政风室原主任郭某涛、某镇原党委书记张某武、某派出所原所长蒋某军等8人在任职期间，多次包庇、纵容狄某民黑社会性质组织的犯罪行为，致使该犯罪组织气焰嚣张，不断发展壮大。

2018年7月，检察机关以苏某武等8人涉嫌犯纵容黑社会性质组织罪、受贿罪等罪名向法院提起公诉。2018年9月，8起案件同时公开宣判，苏某武等人以包庇、纵容黑社会性质组织、受贿、贪污等罪名分别被判处3年2个月至9年不等有期徒刑，且均被并处罚金刑。

专业解读

检察机关肩负着打击刑事犯罪、诉讼监督等重要职能,对于维护社会公平正义,有力保障社会主义新农村建设具有重要作用。严厉打击涉黑涉恶犯罪,推动司法服务与精准扶贫相衔接,是检察机关服务新农村建设、服务脱贫攻坚战略的重要抓手,也是发挥惩治犯罪、维护社会稳定职能的重要体现。本案就是一起典型的黑恶势力和保护伞相互勾结,横行乡里、欺行霸市,干扰基层政权选举、扰乱乡镇群众生活、经济秩序的案例故事。涉案的苏某武等8名被告人均为国家公职人员,其中还不乏派出所所长等政法机关工作人员。在他们的包庇纵容下,狄某民黑社会性质组织气焰嚣张、不断壮大,发展成为当地一霸,破坏了当地的政治生态和经济秩序,致使当地经济发展受到严重影响。检察机关通过严厉打击危害社会秩序的犯罪,及时恢复当地已经受到破坏的社会秩序,为经济发展创造良好的法治和社会环境,助力精准扶贫,确保人民群众能够安居乐业。

73.服务保障长江经济带发展

检察职能

服务和保障长江经济带发展，特别是加强长江流域生态环境保护，是检察公益诉讼的重要任务，也是服务和保障打赢污染防治攻坚战的必然要求。检察机关综合运用民事公益诉讼、刑事附带民事公益诉讼、行政公益诉讼等方式，追究刑事被告人及相关侵权行为人的刑事、民事责任，督促行政机关依法履行监管职责，促进生态环境及时修复。

案例故事

李某等人倾倒固体废物案

2017年1月，李某在无固体废物处置资质的情况下，成立某环保服务公司实施工业污泥的跨省非法转移和处置。2017年10月，李某从江苏、浙江等地9家企业收集工业污泥共计2500余吨，伙同他人先后两次将污泥运至安徽铜陵长江边，直接倾倒于铜陵市江滨村江滩边，造成长江生态环境严重污染。经鉴定，倾倒的污泥等固体废物中含有重金属、石油溶剂等有毒、有害物质，倾倒区域的地表水、土壤和地下水环境介质均受到了不同程度的损害，造成包括应急监测、应急清运和应急处置等公私财产损失共计790余万元，生态环境修复费用约310余万元。此外，李某等人还涉嫌非法倾倒4410余吨工业污泥未遂。

2018年7月，检察机关以李某等12人犯污染环境罪向人民法院提起公诉，同时对上述被告人及9家源头企业提起了刑事附带民事公益诉讼，要求共同赔偿因非法倾倒污泥造成环境污染所产生的应急处置、环境损害修复、鉴定评估费用等各项赔偿共计1302万余元。2018年10月,人民法院作出一审判决:以污染环境罪分别判处各被告人有期徒刑6年至1年6个月,并处罚金20万元至1万元不等。判处涉案9家企业与各被告人在各自非法处置污泥的数量范围内承担相应的环境侵权损害赔偿责任,并在省级媒体上向社会公开赔礼道歉。目前,赔偿金已经全部支付到位。

专业解读

当前长江流域破坏生态环境违法行为类型多样,类似跨省市沿江倾倒固体废物等污染环境案件时有发生,手段隐蔽,危害严重,仅仅通过民事、行政法律手段,不足以惩治和预防。检察公益诉讼制度经立法正式确定并全面推行后,"两高"通过联合出台司法解释,在民事公益诉讼和行政公益诉讼的基础上,增加了刑事附带民事公益诉讼这一新的案件类型。司法实践中,一些不法分子在从事相关违法活动时不但造成了社会公共利益的损害,而且还触犯了刑事法律构成犯罪。针对此类情况,检察机关既要作为公诉人提起刑事公诉,也可以作为公益诉讼起诉人提起民事公益诉讼,从而形成两个案件。为节约诉讼资源,提高诉讼效率,妥善确定被告人的刑事责任和民事责任,检察机关通常采取提起刑事附带民事公益诉讼的方式履行职责。在长江流域生态环境保护实践中,检察机关通过提起刑事附带民事公益诉讼,综合发挥刑事、民事、行政检察和公益诉讼检察职能,依法严惩危害长江生态环境犯罪,同时通过责令涉事企业和个人承担环境损害赔偿金等民事责任,强化了生态环境保护的警示教育作用,并为生态修复提供了保障,有利于实现惩治犯罪与修复生态、纠正违法与源头治理、维护公益与促进发展有机统一。

74. 服务保障"一带一路"建设

检察职能

为"一带一路"建设提供优质高效司法服务和法治保障,是检察机关的重大政治责任。检察机关依法履行法律监督职责,为"一带一路"建设营造和谐稳定的社会环境,维护沿线国家和地区和平安宁,促进"一带一路"建设共同发展。

案例故事

王某亮等人非法组织越南劳工偷越国(边)境案

2017年1月,王某亮与山东省某村晨明建材制砖厂签订了劳务合同并招收工人。之后其与古某到越南宣传招工,并通过古某亲戚招募越南籍人员到该砖厂打工。在招募到42名越南籍人员后,王某亮、古某组织上述越南籍人员乘车前往山东,于2017年2月在云南省曲靖市被公安机关查获。

该案移送检察机关后,检察机关与出入境管理部门积极协作,多次核查证据。经审查查明,42名越南籍人员中仅一人有护照,但并未通过相关检查和合法手续进入中国;三人办理了边境地区出入境通行证,但通行证或者已经超过有效期,或者只允许在边境附近限定范围活动。

经审查,检察机关以犯罪嫌疑人王某亮等3人涉嫌组织他人偷越国(边)境罪向法院提起公诉。法院经开庭审理,作出判决,认定被告人王某亮犯组织他人偷越国(边)境罪,判处有期徒刑9年,并处罚金2万元;被告人古某犯组织他人偷越国(边)境罪,判处有期徒刑7年,并处罚金1.5万元;被告人王某祥犯组织他人偷越国(边)境罪,判处有期徒刑4年,并处罚金1万元。

专业解读

伴随"一带一路"建设不断深化带来的巨大经济红利,边境地区"蛇头"利用周边国家偷渡者对谋求来华生活的向往,组织偷越国(边)境大发不义之财。这种行为严重破坏了我国边境的管理秩序,严重影响了我国国家主权和国家安全,甚至被一些国际势力所利用,作为攻击口实,影响我国的国家形象和国际声誉。

本案中,检察机关针对本地区与东南亚国家边境线相邻的特殊地缘特点,与出入境管理部门密切协作配合,依法履行公诉职责,突出对组织偷越国(边)境行为的打击,严厉打击组织策划者,依法严惩犯罪分子,为营造沿线国家和地区共建共享安全格局作出贡献。

75.着力加强对民营经济的保护

检察职能

检察机关围绕服务经济建设和发展大局,找准检察工作保障和促进非公有制经济健康发展的切入点,积极履职尽责,为非公有制经济发展提供有力司法保障。

案例故事

黄某、段某职务侵占案

2017年6月,某鞋业公司受某鞋服有限公司委托,用鞋服公司提供的制鞋原料猪巴革,加工生产一批鞋子。鞋业公司按要求加工完成鞋服公司鞋子后,还剩余部分原料。鞋业公司副总经理黄某伙同该公司采购部经理段某,以退还鞋服公司的名义,制作《物品出厂放行单》,将剩余的1.7万余尺原材料猪巴革提出。二人将其中7000余尺猪巴革退还给鞋服公司,将其余1万余尺猪巴革运至某鞋材贸易有限公司寄存。2017年12月,鞋服公司与鞋业公司再次签订一份鞋业加工合同,双方约定原材料由鞋业公司自行采购。黄某伙同段某借用供料商的名义将寄存于鞋材公司的猪巴革返卖给鞋业公司,获得赃款6.7万元。该笔赃款被黄某占有,段某未分得赃款。

2018年1月,鞋业公司向公安机关报案。2018年5月,公安机关将黄某、段某以职务侵占罪移送检察机关审查起诉。检察机关审查起诉过程中,两次列明补查提纲退回补充侦查,指导公安机关查清了黄某、段某二人侵占猪巴革原料的事实及数量。2018年10月,检察机关以职务侵占罪对黄某、段某提起公诉。2018年11月,法院作出判决,采纳了检察机关的量刑建议,以黄某犯职务侵占罪,判处拘役6个月，缓刑1年；以段某犯职务侵占罪，判处拘役5个月，缓刑6个月。

案件办结后，检察机关向受害企业发出检察建议，深入分析企业的安全隐患、监管漏洞，指出了企业存在的管理风险点和制度缺陷，帮助该企业健全制度、加强管理、堵塞漏洞，提高了安全防范能力。

专业解读

非公有制经济是社会主义市场经济的重要组成部分，也是推动我国经济转型升级的重要依托，对于支撑增长、促进创新、扩大就业、增加税收等发挥着重要作用。依法保护非公有制企业合法权益，是检察机关的重要责任。近年来，检察机关坚持把服务和保障非公有制经济健康发展作为服务大局的重要内容，最高人民检察院先后制定实施了《关于充分发挥检察职能依法保障和促进非公有制经济健康发展的意见》《关于充分履行检察职能加强产权司法保护的意见》《关于充分发挥职能作用营造保护企业家合法权益的法治环境支持企业家创新创业的通知》等意见和举措，充分发挥检察职能，保障非公有制经济合法权益不受侵害。在该案中，检察机关通过对企业内部人员职务侵占罪提起公诉，制止不法分子把民营企业及经营者的合法权益当成"唐僧肉"。该案对民营企业从业人员职务侵占犯罪的有效追究，有利于纠正部分地方对挪用资金、职务侵占等犯罪法律适用不准、打击不力的倾向。

法律监督是我国检察机关的宪法职责。检察建议是履行法律监督职责的有效方式，也是扩大办案政治效果、法律效果、社会效果的重要手段。在黄某、段某职务侵占案中，检察机关围绕案件的办理，深入分析犯罪原因和存在的安全隐患、监管漏洞，通过检察建议，指出受害民营企业的管理风险点、制度缺陷，帮助企业健全制度、加强管理、堵塞漏洞，提高安全防范能力，避免企业再次受到侵害。

76.加强民生司法保障

检察职能

检察机关回应人民关切,坚持以人民为中心,依法惩治和预防危害食品药品安全犯罪、破坏生态环境犯罪等民生领域犯罪,保障人民群众合法权益。

案例故事

张某安等生产、销售假药案

2013年3月至2015年5月,张某安在西安开设中医糖尿病研究所和中医诊所期间,安排张某明等人购买二甲双胍、格列本脲等西药原料,指使张某明等人在所谓其自制的"森健"降糖冲剂、"天富生"桃红片、"天富生"菊花玉竹胶囊等中添加上述西药成分。张某安带领李某平、种某华等人先后在陕西、山西、河北、河南、内蒙等地以坐诊、巡诊的方式将上述冲剂、胶囊等当作处方药销售给糖尿病患者。后张某安又安排人在山西省定襄县一个废弃的锻造厂内继续生产上述冲剂、胶囊,并通过快递发至张某安的诊所及各巡诊点进行销售。案发后,公安机关扣押自制冲剂、胶囊等共计2.6万余瓶。2016年7月,案件移送检察机关后,检察机关经审查,以涉嫌生产、销售假药罪对张某安等人提起公诉。法院分别判处张某安等人有期徒刑15年至5年不等,并处罚金2100万元至20万元不等。

专业解读

以习近平同志为核心的党中央一再强调,要坚持人民立场,坚持人民主体地位,坚持以人民为中心的发展思想,在一切工作中都要以人民的根本利益为出发点和落脚点。人民群众对美好生活的新需求,无论是民主法治、公平正义,还是安全环境,每一项都与检察工作息息相关。

检察机关认真贯彻习近平总书记关于提高保障和改善民生水平的重要指示,树立新时代检察理念,坚持人民司法为人民,牢牢把握新时代人民群众司法需求的转变,紧紧围绕民生需求,聚焦民生焦点,加强民生检察工作。

检察机关严惩危害食品药品安全犯罪,强化生态环境司法保护,着力为人民群众提供更加丰富、更为优质的法治产品、检察产品,反映人民愿望、保护人民权益、增进人民福祉,更好保障和改善民生。